Introdução ao Livro do Apocalipse

Introdução ao Livro do Apocalipse

Adoração, Testemunho e Nova Criação

sob a supervisão de
Dean Flemming

Essenciais Teológicos

©Digital Theological Library 2025
©Biblioteca Teológica Digital 2025

Library of Congress Cataloging-in-Publication Data
Dados de Catalogação na Publicação da Biblioteca do
Congresso del Congreso

Dean Flemming (criador).
[Introduction to the Book of Revelation: Worship, Witness and New Creation / Dean Flemming]
Introdução ao Livro do Apocalipse: Adoração, Testemunho e Nova Criação / Dean Flemming
105 + x pp. cm. 12.7 x 20.32 (com bibliografia e mapa)
ISBN 979-8-89731-304-4 (imprimir livro)
ISBN 979-8-89731-306-8 (livro eletrônico)
ISBN 979-8-89731-496-6 (Kindle)

1. Bíblia. Apocalipse — Crítica, interpretação, etc.
2. Bíblia. Apocalipse — Teologia
BS2825.3 .F5417 2025

Este livro está disponível em vários idiomas em www.DTLPress.com

Imagem da Capa: "A Queda da Babilônia" e "A Descida da Nova Jerusalém", da obra francesa *The Cloisters Apocalypse* (1330)
Crédito da Imagem: https://www.metmuseum.org

www.thedtl.org

Sumário

Prefácio da Série
vii

Introdução
A reputação e o mau uso do Apocalipse
1

Capítulo 1
Interpretando o Apocalipse
Lendo com Reverência e Sabedoria
5

Capítulo 2
Contexto Histórico e Cultural do Apocalipse
15

Capítulo 3
Gênero e Estrutura Literária
21

Capítulo 4
Cristo e as Igrejas (Apocalipse 1–3)
29

Capítulo 5
Adoração e o Cordeiro (Apocalipse 4–5)
37

Capítulo 6
Julgamento e Misericórdia — Os Selos, Trombetas e Taças
43

Capítulo 7
A Igreja em Conflito — O Dragão e as Bestas
51

Capítulo 8
O Povo Multinacional de Deus
57

Capítulo 9
Babilônia, a Grande e a Queda do Império
65

Capítulo 10
O Retorno do Rei — A Vitória Final de Cristo
71

Capítulo 11
Um Novo Céu e uma Nova Terra
77

Capítulo 12
Alguns dos principais intérpretes do Apocalipse
83

Capítulo 13
Pregando e Ensinando o Apocalipse Hoje
91

Epílogo
Revelação Viva Hoje
99

Bibliografia Selecionada
101

Apêndice
Sete Igrejas da Antiga Ásia Menor
105

Prefácio da série

A Inteligência Artificial (IA) está mudando tudo, incluindo a bolsa de estudos e a educação teológica. Esta série, Livros Essenciais Teológicos (Theological Essentials), foi criada para trazer o potencial criativo da IA para o campo da educação teológica. No modelo tradicional, um acadêmico com domínio do discurso acadêmico e um histórico de ensino bem-sucedido em sala de aula gastaria vários meses — ou até mesmo vários anos — escrevendo, revisando e reescrevendo um texto introdutório que seria então transferido para uma editora que também investia meses ou anos em processos de produção. Embora o produto final fosse tipicamente bastante previsível, esse processo lento e caro fez com que os preços dos livros didáticos disparassem. Como resultado, os alunos em países desenvolvidos pagaram mais do que deveriam pelos livros e os alunos em países em desenvolvimento normalmente não tinham acesso a esses livros didáticos (de custo proibitivo) até que eles aparecessem como descartes e doações décadas depois. Em gerações anteriores, a necessidade de garantia de qualidade — na forma de geração de conteúdo, revisão especializada, edição de texto e tempo de impressão — pode ter tornado essa abordagem lenta, cara e excludente inevitável. No entanto, a IA está mudando tudo.

Esta série é muito diferente; é criado por IA. A capa de cada volume identifica o trabalho como "criado sob a supervisão de" um especialista na área. No entanto, essa pessoa não é um autor no sentido tradicional. O criador de cada volume foi treinado pela equipe da DTL no uso de IA e o criador usou IA para criar, editar, revisar e recriar o texto que você vê. Com esse processo de criação claramente identificado, deixe-me explicar os objetivos desta série.

Nossos objetivos:

Credibilidade: Embora a IA tenha feito — e continue a fazer — grandes avanços nos últimos anos, nenhuma IA não supervisionada pode criar um texto de nível universitário ou de seminário verdadeiramente confiável ou totalmente confiável. As limitações do conteúdo gerado por IA às vezes se originam das limitações do próprio conteúdo (o conjunto de treinamento pode ser inadequado), mas, mais frequentemente, a insatisfação do usuário com o conteúdo gerado por IA surge de erros humanos associados à engenharia de prompts ruim. A DTL Press procurou superar esses dois problemas contratando acadêmicos estabelecidos com experiência amplamente reconhecida para criar livros em suas áreas de especialização e treinando esses acadêmicos e especialistas em engenharia de prompts de IA. Para ser claro, o acadêmico cujo nome aparece na capa desta obra criou este volume — gerando, lendo, regenerando, relendo e revisando a obra. Embora a obra tenha sido gerada (em vários graus) por IA, os nomes de nossos criadores acadêmicos aparecem na capa como uma garantia de que o conteúdo é igualmente confiável com qualquer trabalho introdutório que esse acadêmico/criador escreveria usando o modelo tradicional.

Estabilidade: A inteligência artificial é generativa, o que significa que a resposta a cada solicitação é gerada de forma única para aquele pedido específico. Nenhuma resposta gerada por IA é exatamente igual à outra. A variabilidade inevitável das respostas da IA representa um desafio pedagógico significativo para professores e estudantes que desejam iniciar suas discussões e análises com base em um conjunto comum de ideias. As instituições educacionais precisam de textos estáveis para evitar o caos pedagógico. Estes livros fornecem esse texto estável a partir do qual é possível ensinar, discutir e desenvolver ideias.

Acessibilidade: A DTL Press está comprometida com a ideia de que a acessibilidade não deve ser uma barreira ao conhecimento. Todas as pessoas são igualmente merecedoras do direito de saber e entender. Portanto, versões em e-book de todos os livros da DTL Press estão disponíveis nas bibliotecas da DTL sem custo e disponíveis como livros impressos por uma taxa nominal. Nossos acadêmicos/criadores devem ser agradecidos por sua disposição de abrir mão dos acordos tradicionais de royalties. (Nossos criadores são compensados por seu trabalho generativo, mas não recebem royalties no sentido tradicional.)

Acessibilidade: A DTL Press gostaria de disponibilizar livros didáticos introdutórios de alta qualidade e baixo custo para todos, em qualquer lugar do mundo. Os livros desta série são imediatamente disponibilizados em vários idiomas. A DTL Press criará traduções em outros idiomas mediante solicitação. As traduções são, é claro, geradas por IA.

Nossas limitações reconhecidas:

Alguns leitores estão, sem dúvida, pensando, "mas a IA só pode produzir bolsa de estudos derivada; a IA não pode criar bolsa de estudos original e inovadora." Essa crítica é, é claro, em grande parte precisa. A IA é amplamente limitada a agregar, organizar e reembalar ideias pré-existentes (embora às vezes de maneiras que podem ser usadas para acelerar e refinar a produção de bolsa de estudos original). Ainda reconhecendo essa limitação inerente da IA, a

DTL Press ofereceria dois comentários: (1) Textos introdutórios raramente são pensados para serem verdadeiramente inovadores em sua originalidade e (2) a DTL Press tem outras séries dedicadas à publicação de estudos originais com autoria tradicional.

Nosso convite:
A DTL Press gostaria de reformular fundamentalmente a publicação acadêmica no mundo teológico para tornar a bolsa de estudos mais acessível e mais acessível de duas maneiras. Primeiro, gostaríamos de gerar textos introdutórios em todas as áreas do discurso teológico, para que ninguém seja forçado a "comprar um livro didático" em qualquer idioma. Nossa visão é que professores em qualquer lugar possam usar um livro, dois livros ou um conjunto inteiro de livros desta série como livros didáticos introdutórios para suas aulas. Segundo, também gostaríamos de publicar monografias acadêmicas de autoria tradicional para distribuição de acesso aberto (gratuita) para um público acadêmico avançado.

Finalmente, a DTL Press não é confessional e publicará obras em qualquer área de estudos religiosos. Livros de autoria tradicional são revisados por pares; a criação de livros introdutórios gerados por IA está aberta a qualquer pessoa com a experiência necessária para supervisionar a geração de conteúdo nessa área do discurso. Se você compartilha o compromisso da DTL Press com credibilidade, acessibilidade e preço acessível, entre em contato conosco sobre mudar o mundo da publicação teológica contribuindo para esta série ou uma série de autoria mais tradicional.

Com grandes expectativas
Thomas E. Phillips
Diretor Executivo da DTL Press

Introdução
A reputação e o mau uso do Apocalipse

O Livro do Apocalipse ocupa um lugar único — e frequentemente controverso — no imaginário cristão. Seu rico simbolismo, imagens gráficas e visões dramáticas fascinam e confundem leitores há séculos. Para alguns, o Apocalipse é uma palavra inspirada de esperança. Para outros, é uma fonte de medo e confusão. Tem sido acalentado como uma profecia poderosa e evitado como um mistério impenetrável.

Infelizmente, o Apocalipse também tem sido amplamente mal utilizado. Na cultura popular e nos púlpitos, o livro tem sido frequentemente reduzido a linhas do tempo especulativas, teorias da conspiração e escatologia baseada no medo. Ele tem sido utilizado para justificar a violência, demonizar inimigos políticos e escapar das responsabilidades presentes em favor do sensacionalismo apocalíptico. Essas distorções não apenas traem o espírito do Apocalipse, mas também minam sua riqueza teológica e poder pastoral.

A Revelação como Escritura Teológica

Longe de ser um roteiro codificado sobre o fim dos tempos, o Apocalipse é profundamente teológico. É um livro de adoração e testemunho, julgamento e justiça, conflito e comunhão. Apresenta uma visão cósmica do reino de Deus por meio do Cordeiro crucificado e ressuscitado, convocando a igreja a segui-lo em testemunho fiel e sacrificial.

O Apocalipse reúne ricas tradições bíblicas — desde os profetas hebreus e a literatura sapiencial até os escritos apocalípticos e hinos cristológicos. Sua visão não é estritamente preditiva, mas profundamente teológica: uma revelação do caráter de Deus, de Seus propósitos na história e do futuro prometido por Deus. O livro nos conduz ao drama divino da redenção, convidando-nos a ver o mundo não como o império o vê, mas como Deus o vê.

A relevância do livro na vida cristã contemporânea

O Apocalipse continua a falar poderosamente na vida da Igreja em todas as culturas e continentes. Em contextos de repressão política, o Apocalipse sustenta comunidades de resistência. Em situações de injustiça econômica, desmascara a idolatria da Babilônia. Em cenários de crise ambiental, oferece uma visão de renovação ecológica. E em situações de apatia ou comprometimento, convoca a Igreja à fidelidade profética.

A revelação não se refere apenas ao fim — trata-se de discipulado no presente, moldado pela visão da realidade do Cordeiro. A igreja é chamada a viver agora como um antegozo da Nova Jerusalém, resistindo às seduções do império e testemunhando a justiça, a misericórdia e a esperança do reino de Deus.

O fluxo e o propósito deste livro

Este livro didático foi elaborado para estudantes de teologia em contextos globais, com o objetivo de equipá-los para um envolvimento reflexivo com o Apocalipse, tanto em ambientes acadêmicos quanto pastorais. Os capítulos são organizados de forma a avançar progressivamente das ferramentas fundamentais de interpretação, passando pela análise contextual e teológica, até a aplicação prática no ministério.

O Capítulo Um explora métodos interpretativos e perspectivas globais para ajudar os leitores a abordar o texto de forma responsável. Os capítulos subsequentes acompanham o desenvolvimento narrativo e os temas teológicos do livro: começando com o contexto histórico e a autoria, e prosseguindo com a cristologia, as cartas às igrejas, cenas de adoração celestial, a dinâmica do julgamento e da misericórdia, o testemunho da igreja e a representação do império e da nova criação em Apocalipse.

Os capítulos finais destacam intérpretes de destaque, oferecem orientação sobre a pregação e o ensino do Apocalipse e incentivam a aplicação fiel em igrejas locais e globais. Ao longo de tudo isso, este livro enfatiza o coração pastoral do Apocalipse e seu chamado à adoração, à resistência e à esperança no Cordeiro que é e que há de vir.

A revelação não se refere apenas ao fim — trata-se de discipulado no presente, moldado pela visão da realidade do Cordeiro. A igreja é chamada a viver agora como um antegozo da Nova Jerusalém, resistindo às seduções do império e testemunhando a justiça, a misericórdia e a esperança do reino de Deus.

Capítulo 1
Interpretando o Apocalipse
Lendo com Reverência e Sabedoria

O Livro do Apocalipse convida e exige interpretação. É indiscutivelmente o livro mais carregado de símbolos, incompreendido e mal utilizado do cânone cristão. Suas imagens evocativas — dragões e bestas, anjos e pragas, tronos e julgamentos — têm sido objeto de fascínio sem fim e medo frequente. No entanto, em sua essência, o Apocalipse não é um enigma a ser resolvido, mas uma revelação (*apocalypsis*): uma revelação dos propósitos de Deus na história, através das lentes da vitória de Cristo e do testemunho do Espírito às igrejas.

Ler bem o Apocalipse requer sabedoria, humildade e imaginação teológica. Não se trata de uma previsão literal de manchetes, nem de um manual enigmático para iniciados. É Escritura — pastoral, profética e litúrgica. Como tal, a interpretação deve ser moldada por um compromisso com o contexto original do texto, com a vida contínua da igreja e com a voz do Espírito em diversas comunidades ao redor do mundo.

Quatro abordagens clássicas para a leitura do Apocalipse

Ao longo da história cristã, intérpretes abordaram o Apocalipse por meio de quatro amplas estruturas hermenêuticas. Esses modelos — futurista, preterista, historicista e idealista — não são exaustivos nem mutuamente exclusivos, mas refletem tendências importantes na forma como os cristãos buscaram dar sentido ao mundo estranho e belo do Apocalipse.

Abordagem Futurista

A visão futurista interpreta a maior parte do Apocalipse (especialmente os capítulos 4 a 22) como se referindo a eventos futuros e literais que ocorrerão no fim da história. Frequentemente associada ao pré-milenismo dispensacionalista, essa abordagem tornou-se especialmente influente no evangelicalismo norte-americano durante os séculos XIX e XX. Sob essa perspectiva, o livro é lido como um cronograma profético que descreve a Grande Tribulação, a ascensão do Anticristo e a Segunda Vinda de Cristo.

Essa visão enfatiza a soberania de Deus sobre a história e destaca a esperança do retorno final de Cristo. Ela tem encorajado os cristãos a viver com um senso de urgência e a antecipar a vitória final de Deus. No entanto, também traz consigo sérias armadilhas. Quando excessivamente focada em profecias preditivas, a abordagem futurista pode fomentar uma escatologia baseada no medo, especulações doentias e até mesmo complacência política ou fatalismo. Tais leituras podem tentar combinar cada símbolo do Apocalipse com eventos ou figuras geopolíticas contemporâneas, frequentemente resultando em interpretações distorcidas e prioridades teológicas equivocadas. Em formas extremas, essa abordagem reduz o Apocalipse a um horóscopo apocalíptico, minando sua riqueza teológica e seu propósito pastoral.

Abordagem Preterista

A abordagem preterista vê o Apocalipse principalmente como uma mensagem às igrejas do primeiro século sob o domínio romano. A besta simboliza a perseguição imperial, e a Babilônia é vista como Roma ou a Jerusalém apóstata. As cenas do julgamento correspondem a eventos históricos como a destruição do templo em 70 d.C.

O preterismo corretamente enraíza o Apocalipse em seu contexto histórico e enfatiza a relevância urgente do livro para seu público original. No entanto, um preterismo excessivamente restritivo pode silenciar o poder teológico trans-histórico do livro — seu discurso contínuo à igreja em todas as épocas e culturas.

Abordagem historicista

A leitura historicista entende o Apocalipse como uma visão panorâmica da história da Igreja, desde a era apostólica até a consumação final. Popular entre os protestantes da era da Reforma, essa visão frequentemente identificava a besta com o papado católico romano e a Babilônia com a corrupção eclesiástica ou a tirania política.

Embora amplamente abandonadas nos círculos acadêmicos hoje em dia, as interpretações historicistas destacam como o Apocalipse tem sido, por muito tempo, uma lente através da qual os cristãos têm lido sua própria época à luz dos propósitos de Deus – às vezes sabiamente, às vezes perigosamente.

Abordagem Idealista (ou Teológico-Simbólica)

A abordagem idealista ou simbólica vê o Apocalipse como uma visão teológica atemporal que descreve o conflito cósmico entre o bem e o mal, Cristo e Satanás, a igreja e o império. Em vez de vincular símbolos a eventos ou datas específicas, essa visão enfatiza temas espirituais: a soberania de Deus, o chamado ao testemunho fiel, o julgamento do mal e a esperança de uma nova criação.

Essa abordagem coloca em primeiro plano as dimensões litúrgicas, teológicas e éticas do Apocalipse, embora deva evitar simplificar o texto em abstrações ou ignorar sua especificidade profética.

Leituras Integrativas e Teológicas

Na interpretação contemporânea, poucos estudiosos ou pastores aderem rigidamente a uma única abordagem. Muitos empregam leituras ecléticas ou integrativas, combinando insights de múltiplos modelos. Por exemplo, pode-se afirmar que o Apocalipse falou diretamente às igrejas do primeiro século (preterista), retrata realidades espirituais duradouras (idealista) e também antecipa a consumação futura do reino de Deus (futurista).

Em última análise, ler bem o Apocalipse significa tratá-lo não como um quebra-cabeça a ser resolvido, mas como a Escritura que molda a visão, os valores e a vocação da Igreja. Isso inclui profunda atenção ao seu foco cristocêntrico, à teologia trinitária, à coerência simbólica e ao chamado à perseverança comunitária.

Lendo com a Igreja Global

A Revelação não é apenas interpretada — é vivida. Em todo o mundo, comunidades cristãs têm lido o Apocalipse através das lentes de seu próprio sofrimento, luta e esperança. Essas interpretações contextuais revelam como o Espírito continua a falar por meio da Revelação de maneiras profundamente relevantes e transformadoras.

Leituras de Libertação e Pós-coloniais

Na América Latina, África e Ásia, o Apocalipse tem sido frequentemente adotado como uma palavra profética aos oprimidos. A imagem de bestas e da Babilônia não é abstrata — representa ditaduras, corporações multinacionais e sistemas de pobreza e violência racializada. Nesses contextos, o Apocalipse se torna um manual de resistência, convocando a Igreja a permanecer firme no poder do Cordeiro e em solidariedade com os marginalizados.

Intérpretes pós-coloniais enfatizam que o Apocalipse critica o império e a idolatria, não apenas a Roma Antiga, mas todos os sistemas de dominação. Eles contestam as leituras ocidentais que ignoram ou higienizam essa crítica e defendem uma escatologia descolonizada que veja o reinado do Cordeiro como uma boa nova para os pobres, não para os poderosos.

Perspectivas Ecológicas e Indígenas

As visões do Apocalipse sobre a restauração da criação — a árvore da vida, o rio da cura e a renovação da Terra (Ap 21-22) — ressoam poderosamente com as teologias indígenas e a ética ecológica. Em tempos de crise ambiental global, essas leituras resgatam o Apocalipse como um texto não de negação do mundo, mas de redenção da Terra.

Teólogos indígenas destacam a importância do lugar, da memória e do florescimento comunitário, vendo a Nova Jerusalém não como uma fuga do mundo, mas como um santuário cósmico de relacionamentos curados — entre povos, terras e Deus.

Interpretações Feministas e Mulheristas

Leitores feministas do Apocalipse oferecem tanto crítica quanto recuperação. Questionam seu simbolismo de gênero — observando como a Babilônia e a mulher vestida de sol representam ideais conflitantes de feminilidade — e questionam leituras que glorificam a violência divina ou subordinam as vozes femininas.

Ao mesmo tempo, teólogas feministas e mulheristas recuperam as imagens do Apocalipse de testemunho fortalecido e justiça divina. Figuras como Elisabeth Schüssler Fiorenza, Barbara Rossing e Catherine Keller mostram como o Apocalipse pode ser lido como uma visão de resistência e renovação, não como um endosso à dominação.

Interpretando os símbolos do Apocalipse com responsabilidade

O Apocalipse está repleto de símbolos, alusões e imagens. Gafanhotos, trombetas, candelabros, pergaminhos e tronos funcionam como sinais teológicos, e não como descrições literais. Para interpretar o livro de forma responsável, os leitores devem atentar para o funcionamento dos símbolos e como eles se conectam tanto aos precedentes bíblicos quanto ao contexto cultural.

Os símbolos no Apocalipse são evocativos e multivalentes; evocam emoção e incitam à reflexão. No entanto, também são vulneráveis a abusos. Leituras literalistas ou sensacionalistas podem instrumentalizar símbolos, transformando imagens da justiça divina em instrumentos de medo ou exclusão. Ler o Apocalipse simbolicamente não significa alegorizar seu significado, mas sim discernir como suas visões funcionam para revelar a verdade de Deus e convidar à imaginação transformada.

A interpretação responsável requer um embasamento na intertextualidade bíblica, no contexto cultural e na humildade teológica. O objetivo não é decodificar símbolos em referentes estáticos, mas recebê-los como convites para ver a realidade de forma diferente.

Lendo com Imaginação

Ler bem o Apocalipse é ler com imaginação santificada. O poder do livro reside não apenas em sua doutrina, mas também em seu drama — sua capacidade de despertar os sentidos, comover o espírito e abrir os leitores ao mistério dos propósitos cósmicos de Deus. O Apocalipse não fornece um manual; oferece uma visão. É uma profecia poética, não uma exposição em prosa.

Ler com imaginação significa envolver-se com a arte, o canto e a metáfora do Apocalipse como forma de adentrar seu universo teológico. O Cordeiro que reina, o livro que precisa ser aberto, a adoração que nunca termina — são imagens a serem habitadas, não meras ideias a serem explicadas. Por meio da imaginação, o Apocalipse molda não apenas o que a igreja crê, mas também como ela vê, sente, espera e ora.

Essa leitura imaginativa resiste à redução das Escrituras a argumentos ou linhas do tempo. Ela permite que o Espírito abra novas possibilidades para a compreensão da justiça, da presença e do futuro de Deus. Em um mundo achatado pelo cinismo, o Apocalipse convoca a igreja a sonhar novamente.

A Revelação como Palavra Viva

O Apocalipse não é um texto para especulação privada, mas para discipulado público. Suas imagens visam moldar nossa imaginação, encorajar nosso testemunho e orientar nossa esperança. A igreja não interpreta o Apocalipse a partir de uma posição de neutralidade — ela o faz como uma comunidade sob pressão, navegando em um império, ansiando por justiça e chamada a seguir o Cordeiro por onde quer que ele vá (Ap 14:4).

Ler bem o Apocalipse, portanto, não é apenas um exercício acadêmico — é uma forma de formação espiritual. Exige de nós o que exigiu das igrejas de João: arrependimento, resiliência, adoração e a disposição de ver o mundo com os olhos do céu.

Perguntas para reflexão ou discussão
- Quais das quatro abordagens interpretativas clássicas do Apocalipse moldaram sua própria compreensão do livro e como outras abordagens podem enriquecer ou desafiar sua perspectiva?
- Como o envolvimento com interpretações globais e contextuais do Apocalipse pode enriquecer a leitura das Escrituras pela igreja?

Capítulo 2
Contexto Histórico e Cultural do Apocalipse

O Império Romano e o Culto ao Imperador

Para ler o Apocalipse com fidelidade, precisamos primeiro nos aprofundar no mundo que o produziu — um mundo dominado pelo Império Romano. No final do século I d.C., Roma havia estendido sua influência por toda a bacia do Mediterrâneo, unindo diversos povos sob seu domínio por meio de conquistas militares, eficiência administrativa e assimilação cultural. Para muitos no império, Roma prometia a pax Romana — uma "paz" garantida pela violência, impostos e a supressão da dissidência.

Central para este projeto imperial era o culto ao imperador. Embora não fosse uniforme em todo o império, a prática floresceu particularmente na Ásia Menor, a região onde se localizavam as sete igrejas mencionadas no Apocalipse. Templos dedicados aos imperadores divinos ocupavam lugares de destaque em cidades como Pérgamo e Éfeso. Inscrições e rituais públicos homenageavam os imperadores não apenas como governantes, mas também como salvadores semidivinos e garantidores da prosperidade. A participação nessas práticas não era meramente uma questão privada de piedade, mas uma afirmação pública de lealdade ao império.

Para os primeiros cristãos, isso representava um profundo dilema. Recusar-se a participar de festivais cívicos ou recusar-se a oferecer incenso a César podia ser visto como subversão política ou até mesmo traição. Nesse contexto, o repetido chamado do Apocalipse à "superação" assume uma dimensão fortemente política. É um chamado à fidelidade em meio à pressão, não apenas de forasteiros hostis, mas também de pessoas de dentro, comprometidas.

Paisagem social e religiosa da Ásia Menor

As sete igrejas abordadas no Apocalipse (Ap 2-3) estavam inseridas em centros urbanos marcados pelo orgulho cívico greco-romano, pela complexidade econômica e pelo pluralismo religioso. Cidades como Esmirna, Tiatira e Laodiceia eram centros movimentados de comércio e cultura, conectadas por estradas e redes comerciais romanas. Guildas e associações locais frequentemente realizavam festas em homenagem a divindades pagãs, criando ainda mais tensões para os cristãos que buscavam a inclusão social e a integridade espiritual.

A vida religiosa na Ásia Menor era vibrante e profundamente interligada à política e à economia. Templos dedicados a Ártemis, Apolo, Zeus e ao próprio imperador moldavam o horizonte religioso e a identidade cívica. Rejeitar essas divindades era arriscar isolamento, suspeita e dificuldades financeiras. Assim, a condenação do Apocalipse à transigência — como as repreensões contra aqueles que toleram "Jezabel" (Ap 2:20) ou seguem os ensinamentos de "Balaão" (Ap 2:14) — não é abstrata, mas urgentemente contextual. A mensagem confronta o custo da assimilação cultural.

Além disso, comunidades judaicas também faziam parte desse cenário religioso. O Apocalipse reflete tensões entre alguns grupos cristãos e judeus, particularmente em cidades onde os cristãos não eram mais protegidos pelo status legal do judaísmo dentro do império. A linguagem áspera da carta em relação "àqueles que se dizem judeus e não o são" (Ap 2:9; 3:9) deve ser tratada com cautela, evitando interpretações antijudaicas. Essas passagens refletem conflitos intracomunitários, em vez de condenação generalizada, e devem ser interpretadas dentro do contexto mais amplo da perseguição romana e da negociação de identidade.

Comunidades cristãs primitivas e resistência

O Apocalipse não se dirige a uma igreja triunfante, mas a comunidades vulneráveis e diversificadas. Algumas sofrem perseguição (Esmirna, Filadélfia), outras são tentadas à acomodação (Pérgamo, Tiatira) e outras ainda são marcadas pela complacência (Laodiceia). Essas congregações são pequenas, socialmente marginalizadas e lutam para discernir como viver como fiéis seguidores de Jesus em um mundo hostil.

Os destinatários originais do livro não estavam isolados do poder de Roma — viviam à sua sombra diariamente. Isso explica a imagem crua do Apocalipse: bestas, dragões e prostitutas simbolizam sistemas políticos e econômicos que oprimem e seduzem. Para esses crentes, as visões apocalípticas não eram fantasias escapistas, mas ferramentas de resistência. O livro lhes oferece um novo mapa da realidade — um mapa em que o verdadeiro Rei não é César, mas o Cordeiro imolado e ressuscitado.

Nesse contexto, o Apocalipse funciona tanto como uma carta pastoral quanto como um tratado profético. Ele encoraja os perseguidos, adverte os complacentes e reorienta a imaginação dos fiéis. O chamado para "sair da Babilônia" (Ap 18:4) não é um afastamento da sociedade, mas uma reordenação radical da fidelidade. Os cristãos não devem adotar valores imperiais, mas dar testemunho do Cordeiro — mesmo que esse testemunho leve ao sofrimento.

Desafios Interpretativos Históricos

Compreender o contexto histórico do Apocalipse é essencial, mas não isento de desafios. O Apocalipse foi escrito durante o reinado de Nero (54-68 d.C.) ou de Domiciano (81-96 d.C.)? Embora alguns defendam uma data anterior devido a referências à perseguição sob Nero, a maioria dos estudiosos defende o período Domiciano. No final do primeiro século, as estruturas de culto ao imperador estavam mais firmemente estabelecidas, e a igreja era cada vez mais vista como um movimento distinto e potencialmente subversivo.

Além disso, interpretar a linguagem simbólica requer uma contextualização cuidadosa. "Babilônia", por exemplo, alude claramente a Roma, ecoando o uso da antiga Babilônia pelos profetas hebreus como símbolo de um império opressor. Mas Babilônia também transcende Roma — torna-se um tipo de sistema que desumaniza, explora e resiste ao reino de Deus. Dessa forma, a especificidade histórica do Apocalipse não limita sua relevância, mas expande sua profundidade teológica.

Estudiosos também continuam a debater a extensão e a natureza da perseguição no contexto do Apocalipse. Embora haja pouca evidência de perseguição generalizada em todo o império naquela época, hostilidades locais, exclusão econômica e violência ocasional provavelmente criaram um clima de medo e instabilidade. A mensagem de esperança do Apocalipse, portanto, não depende de martírios dramáticos, mas da fidelidade cotidiana.

Perguntas para reflexão ou discussão
- Como a compreensão do cenário imperial romano ajuda a esclarecer o significado e a urgência do Apocalipse para seus leitores originais?
- De que maneiras a igreja hoje pode enfrentar tentações semelhantes àquelas impostas pelo poder romano e pela idolatria no primeiro século?

Capítulo 3
Gênero e Estrutura Literária

O que é um Apocalipse?

O Livro do Apocalipse abre com uma afirmação ousada: é "a revelação (grego: *apokalypsis*) de Jesus Cristo" (Ap 1:1). Este termo sinaliza que estamos lendo um apocalipse — um gênero distinto da literatura judaica e cristã primitiva que revela mistérios divinos, frequentemente por meio de visões simbólicas, jornadas celestiais e representações dualistas do bem e do mal. Longe de prever o futuro em detalhes codificados, a literatura apocalíptica busca desvendar a verdade sobre o presente a partir da perspectiva do céu.

Como gênero, o apocalipse normalmente surge em períodos de crise social ou opressão política. Suas imagens falam àqueles que vivem à margem, oferecendo a garantia de que o que se vê não é tudo o que existe. A escrita apocalíptica desloca a visão do leitor — do poder aparente dos impérios terrestres para a soberania suprema de Deus. Assim, o propósito do Apocalipse não é assustar ou confundir, mas despertar e sustentar a esperança.

Assim como outros apocalipses judaicos (por exemplo, Daniel, 1 Enoque, 4 Esdras), o Apocalipse compartilha características literárias comuns: mediadores angélicos, números e criaturas simbólicas, conflito cósmico e um julgamento culminante seguido de renovação. No entanto, o Apocalipse se destaca por fundir a visão apocalíptica com a proclamação cristã centrada no Cordeiro crucificado e ressuscitado. Essa distinção teológica torna o Apocalipse tanto uma continuação quanto uma transformação da tradição apocalíptica.

A Revelação como Literatura Profética

O Apocalipse não é apenas um apocalipse — ele se identifica explicitamente como profecia (Ap 1:3; 22:7, 10, 18-19). Na tradição bíblica, os profetas fazem mais do que predizer o futuro; eles falam a verdade sobre o presente, expondo a injustiça, clamando por arrependimento e revelando as intenções de Deus. Como os profetas de Israel, João de Patmos proclama o julgamento contra a infidelidade e a esperança de restauração.

O que torna a profecia do Apocalipse distinta é sua orientação cristocêntrica. A mensagem está enraizada no Cordeiro que foi morto e que agora reina. A voz profética, portanto, não é meramente uma exortação moral ou crítica política — é a voz do Cristo ressuscitado, convocando as igrejas à perseverança fiel em um mundo hostil. A visão profética de João extrai sua energia do passado das Escrituras, fala diretamente ao seu público contemporâneo e abre um horizonte teológico que abrange todas as nações.

Dessa forma, o Apocalipse funciona como profecia pastoral. Ele desafia os crentes complacentes, conforta os aflitos e recentraliza a imaginação da comunidade na soberania de Deus e na vitória sacrificial do Cordeiro. Seu poder profético não reside em prever datas, mas em nomear ídolos, resistir ao império e nutrir uma adoração alinhada ao reinado de Deus.

Forma da Carta e Intenção Pastoral

Além de ser um apocalipse e uma profecia, o Apocalipse também é uma carta — uma carta circular dirigida a sete igrejas históricas da Ásia Menor (Ap 2-3). A saudação inicial (Ap 1:4-5) segue o formato epistolar padrão da época, sinalizando que este livro se destina à leitura em voz alta em ambientes congregacionais.

Como carta, o Apocalipse é profundamente pastoral. Ele se envolve com comunidades reais, cada uma enfrentando lutas distintas: perseguição, concessões, materialismo, medo e apatia espiritual. As mensagens às sete igrejas são minissermões contextualizados — oferecendo louvor, correção, advertência e promessa. Mas o número sete também carrega um peso simbólico: representa plenitude ou completude. Dessa forma, a carta também se dirige a toda a igreja, em diferentes épocas e lugares.

A dimensão pastoral do Apocalipse é frequentemente ignorada em meio às suas visões vívidas. Mas, quando lido como uma carta, a urgência e a intimidade do texto ganham destaque. O Cristo ressuscitado não fala de um futuro distante, mas em meio às circunstâncias presentes da Igreja. Essa preocupação pastoral desafia interpretações que tratam o Apocalipse como um quebra-cabeça escatológico isolado, em vez de como a palavra de Deus para comunidades vivas.

Revelação como Retórica

Além de seu simbolismo apocalíptico e profundidade teológica, Apocalipse é um texto profundamente retórico. João escreve não apenas para informar, mas também para persuadir, provocar e formar uma comunidade fiel sob pressão. Sua linguagem é intencionalmente vívida e dramática, empregando ironia, contraste, repetição e imagens crescentes para envolver a imaginação e despertar a resposta emocional. O objetivo não é uma análise imparcial, mas um encontro transformador. João busca despertar seus leitores — tirá-los da complacência, expor o poder sedutor do império e encorajá-los a seguir o Cordeiro em um testemunho custoso. Reconhecer o Apocalipse como retórica convida os intérpretes a considerar não apenas o que o texto diz, mas como ele busca comover seu público. Esse poder retórico ressoou em diversas culturas, particularmente em comunidades que enfrentam perseguição ou injustiça, onde o chamado urgente do Apocalipse à perseverança e à esperança não é abstrato, mas existencialmente real.

Autoria: Quem foi "João de Patmos"?

O texto identifica seu autor simplesmente como "João" (Ap 1:1, 4, 9; 22:8) — um profeta e visionário que recebe essa revelação enquanto estava exilado na ilha de Patmos "por causa da palavra de Deus e do testemunho de Jesus" (Ap 1:9). Mas quem exatamente é esse João?

Algumas tradições da Igreja primitiva (por exemplo, Justino Mártir, Irineu) o associam a João, o Apóstolo, o discípulo amado de Jesus. Outros defendem João, o Ancião, um líder eclesiástico distinto, referenciado por Papias. Os estudiosos modernos permanecem divididos. A maioria concorda que o estilo grego, os temas teológicos e o gênero do Apocalipse tornam improvável que ele tenha sido escrito pelo mesmo autor do Evangelho de João. Hoje, a visão majoritária vê "João de Patmos" como um profeta cristão – provavelmente de origem judaica, profundamente imerso nas Escrituras e um líder pastoral conhecido pelas sete igrejas.

É importante ressaltar que João não escreve como um escriba imparcial ou um teólogo abstrato. Ele se identifica como um "servo", um "irmão" e um "companheiro na tribulação e no reino" (Ap 1:1, 9). Sua autoridade não deriva de seu status, mas de sua fidelidade a Cristo em meio ao sofrimento. Essa humildade é essencial ao ethos do Apocalipse: suas visões não são revelações elitistas para poucos, mas mensagens comunitárias enraizadas na solidariedade, no sofrimento e na esperança.

Padrões Literários e Fluxo Narrativo

Embora seu simbolismo possa parecer caótico à primeira vista, o Apocalipse é intrinsecamente estruturado. Segue um arco narrativo cuidadosamente elaborado, rico em simetria literária, repetição e coerência teológica.

Em nível macro, o livro pode ser dividido da seguinte forma:

Prólogo e Visão de Cristo (1:1–20)
Mensagens às Sete Igrejas (2:1–3:22)
Sala do Trono Celestial e o Pergaminho (4:1–5:14)
3 Ciclos de Julgamento (Selos, Trombetas, Taças 6–16)

Conflito e Queda da Babilônia (17–18)
Vitória do Cordeiro e o Julgamento Final (19–20)
Nova Criação e Epílogo (caps. 21–22)

Esses ciclos não são lineares, mas recursivos — revisitam os mesmos temas de diferentes ângulos, intensificando seu impacto. Cada série (selos, trombetas, taças) se baseia na anterior, frequentemente terminando em vislumbres de adoração, julgamento ou salvação. Interlúdios oferecem pausas pastorais, lembrando os leitores da proteção e do propósito de Deus.

O livro também está repleto de simbolismo numérico e estrutural: setes, doze e seus múltiplos são usados para significar completude, autoridade e ordem divina. A repetição de hinos, o ritmo dos interlúdios e a disposição cuidadosa das visões demonstram que o Apocalipse não é aleatório, mas litúrgico e teologicamente orquestrado.

Interpretar a estrutura do Apocalipse não é meramente acadêmico — molda a forma como entendemos sua mensagem. Quando vemos o Cordeiro entronizado no centro da narrativa, todo o livro se reorienta em torno da teologia do sofrimento redentor, da adoração e do testemunho.

Perguntas para reflexão ou discussão
- Como reconhecer o Apocalipse como uma combinação de apocalipse, profecia e carta molda sua leitura do texto?

- Que papel a linguagem simbólica do Apocalipse desempenha em desafiar ou inspirar sua imaginação teológica?

Capítulo 4
Cristo e as Igrejas (Apocalipse 1-3)

A Visão do Cristo Glorificado

O Apocalipse não começa com bestas ou batalhas, mas com uma visão de Cristo — uma figura majestosa e ressuscitada que caminha entre os candelabros (Ap 1:9-20). João, exilado na ilha de Patmos, está "em Espírito" no Dia do Senhor quando ouve uma voz "como de trombeta" e se vira para ver alguém "semelhante a um Filho do Homem" (1:10, 13). O que se segue é uma das representações mais inspiradoras de Jesus em toda a Escritura.

Esta visão funde imagens do Antigo Testamento: os cabelos brancos do Ancião de Dias (Dn 7:9), os olhos flamejantes do escrutínio divino (Dn 10:6), a espada saindo da boca simbolizando o poder da Palavra (Is 11:4) e as sete estrelas representando os anjos ou espíritos das igrejas. Este não é um retrato gentil de Jesus, manso e dócil — é o Cristo cósmico, exaltado, porém presente, radiante de glória e aterrorizante em santidade.

No entanto, este Cristo transcendente também está intimamente ligado ao seu povo. Ele caminha entre os candelabros, que representam as igrejas. Ele segura seus "anjos" em sua mão direita, guardando-os e guiando-os. Essa dualidade — transcendência e imanência, majestade e presença — estabelece o tom para o restante do Apocalipse. O Senhor da glória também é o pastor de congregações em dificuldades. Ele não é indiferente, mas amorosamente envolvido na vida da igreja.

Este Cristo não é apenas o Cordeiro que foi morto (Ap 5:6), mas o sumo sacerdote que examina, purifica e intercede por seu povo. Sua presença é ao mesmo tempo reconfortante e convincente. Ele é aquele que vê as igrejas como elas realmente são — e que as chama a se tornarem quem devem ser.

Sete Igrejas, Sete Realidades

Apocalipse 2-3 contém mensagens pastorais pessoais para sete igrejas na Ásia Menor: Éfeso, Esmirna, Pérgamo, Tiatira, Sardes, Filadélfia e Laodiceia. Essas eram comunidades reais que enfrentavam desafios reais — perseguição externa, comprometimento interno, dificuldades econômicas e apatia espiritual. Mas, como observado anteriormente, o número sete, símbolo de plenitude, sinaliza que essas mensagens se destinam a toda a igreja, em todos os lugares e gerações.

Cada mensagem segue uma estrutura semelhante: uma introdução a Cristo (baseada na visão do capítulo 1), louvor ou repreensão, exortação e promessa. Mas cada mensagem é adaptada ao contexto específico daquela igreja:

- Éfeso é elogiada por sua ortodoxia, mas repreendida por perder seu "primeiro amor".
- Esmirna, enfrentando perseguição, é encorajada a permanecer fiel até a morte.
- Pérgamo é elogiado por permanecer firme, mas é alertado contra a tolerância ao falso ensino.
- Tiatira se destaca no amor e no serviço, mas é perigosamente tolerante a concessões morais.
- Sardes tem reputação de ser viva, mas, na verdade, está morta espiritualmente.
- Filadélfia é fraca, mas fiel e tem uma porta aberta.
- Laodicéia é rica e satisfeita consigo mesma, mas é criticada por ser morna e cega.

Esses retratos são tanto diagnósticos quanto proféticos. Eles revelam a vida interior de cada comunidade, revelando pontos fortes e vulnerabilidades. Ao mesmo tempo, convocam as igrejas a uma fidelidade mais profunda a Cristo e ao seu reino. Cada mensagem termina com o refrão:

"Quem tem ouvidos, ouça o que o Espírito diz às igrejas" (Ap 2:7, etc.). O chamado é coletivo e contínuo.

Globalmente, as igrejas de hoje podem encontrar suas próprias histórias refletidas nestes sete. Algumas sofrem como Esmirna. Outras podem se assemelhar a Laodiceia, contentes com a riqueza material, mas espiritualmente empobrecidas. Outras, como Filadélfia, podem se sentir pequenas e marginalizadas, mas permanecem fiéis. O Apocalipse insiste que Cristo conhece cada um intimamente e fala em seu contexto com precisão e compaixão.

Elogio, Repreensão e Chamado para Superar

As mensagens às igrejas não são afirmações ou condenações genéricas — elas são marcadas por nuances teológicas e cuidado pastoral. Cristo oferece elogios onde a fidelidade é evidente, como em Esmirna e Filadélfia. Ele repreende onde o comprometimento ou a complacência se enraizaram, como em Sardes e Laodicéia. Mas, em todos os casos, há um chamado à superação (*nikaō*) — um chamado à resiliência espiritual, à lealdade à aliança e à perseverança missionária.

"Vencer" não significa dominar os outros, mas permanecer fiel como Cristo. De fato, o Apocalipse relaciona a vitória com a própria vitória do Cordeiro (Ap 3:21; 5:5). Os vencedores são aqueles que não cedem ao medo, à idolatria ou às pressões imperiais. São aqueles que, como Jesus, suportam o sofrimento com esperança e resistem aos poderes que os seduzem ou os destroem.

As promessas aos vencedores são de tirar o fôlego: acesso à árvore da vida, proteção contra a segunda morte, uma pedra branca com um novo nome, autoridade sobre as nações e um lugar na cidade eterna de Deus. Estas não são rotas de fuga da história, mas afirmações escatológicas daqueles que vivem fielmente dentro dela. Elas lançam a visão de um discipulado custoso, mas coroado.

Ouvindo o Espírito: Aplicações Contextuais e Globais

Em cada mensagem às igrejas, o Espírito fala. Isso reforça a natureza viva e contínua do chamado do Apocalipse. Estas não são cartas estáticas, mas palavras dinâmicas, dirigidas a cada geração de crentes. Ouvir o Espírito hoje é atentar tanto para as Escrituras quanto para o contexto — ouvir a Palavra de Cristo em nosso tempo.

Em todo o mundo, Apocalipse 2–3 continua a falar de maneiras variadas. Em lugares onde a igreja é perseguida — como partes do Norte da África, Leste Asiático ou Oriente Médio — a promessa feita a Esmirna ressoa profundamente. Em áreas marcadas pela afluência econômica e consumismo, como grande parte do Ocidente, a crítica a Laodiceia é cortante. Em contextos indígenas e pós-coloniais, o alerta contra a assimilação cultural ecoa o desafio enfrentado por Pérgamo e Tiatira.

Intérpretes do Sul global destacaram como o Apocalipse afirma os marginalizados e critica os sistemas de riqueza e dominação. Leitores feministas enfatizaram a repreensão de Cristo a Jezabel não como uma condenação da liderança feminina, mas como uma crítica aos ensinamentos idólatras que desviam os outros do caminho — clamando por discernimento sem bode expiatório. Tradições carismáticas e pentecostais enfatizaram o papel do Espírito e o chamado profético à fidelidade em meio às provações.

O tema central é claro: Cristo conhece as igrejas. Ele caminha entre elas, as vê, fala com elas. E as convida a não temer, mas a ouvir — a se arrepender, a perseverar e a segui-lo.

Perguntas para reflexão ou discussão
- Que aspectos da identidade de Cristo no Apocalipse desafiam ou aprofundam sua compreensão de quem é Jesus?
- Como as mensagens às sete igrejas falam proficamente às igrejas de todas as culturas hoje?

- Qual das sete igrejas mais se assemelha à sua comunidade religiosa atual e por quê?

Capítulo 5
Adoração e o Cordeiro (Apocalipse 4-5)

A Visão da Sala do Trono

Após as mensagens pessoais às igrejas em Apocalipse 2–3, João é convidado a "subir aqui" (Ap 4:1), sinalizando uma mudança dramática de perspectiva. O que se desenrola nos capítulos 4 e 5 não é simplesmente uma mudança de cenário — é uma reorientação teológica. João é atraído para a sala do trono celestial, onde contempla a adoração dAquele que está sentado no trono. Essa visão é o centro espiritual e litúrgico do Apocalipse. Tudo o que se segue fluirá e retornará a essa revelação central da soberania de Deus e da dignidade do Cordeiro.

A descrição de João é majestosa e misteriosa. O trono é circundado por uma luz semelhante à do arco-íris, evocando a aliança com Noé (Gn 9), e cercado por vinte e quatro anciãos, provavelmente representando as doze tribos de Israel e os doze apóstolos — o povo de Deus em plenitude. Quatro seres viventes, extraídos das visões de Ezequiel e Isaías, simbolizam toda a criação e proclamam incessantemente: "Santo, santo, santo é o Senhor Deus, o Todo-Poderoso" (Ap 4:8).

Esta cena de adoração celestial não está desconectada das realidades terrenas. É uma contranarrativa teológica ao trono do imperador em Roma. Enquanto o império proclama César como "senhor e deus", o Apocalipse revela a verdadeira fonte de autoridade. A adoração no Apocalipse é profundamente política — ela reorienta a lealdade, afastando-a dos poderes do mundo e direcionando-a para o sagrado Criador.

A ênfase repetida em Deus como "aquele que era, que é e que há de vir" (Ap 4:8) nos lembra que a soberania divina não depende das circunstâncias presentes. Esta é uma palavra de segurança para os crentes marginalizados de então e de hoje: o trono está ocupado, e a história não está saindo do controle.

Digno é o Cordeiro: Vitória através do Sacrifício

O capítulo 5 aprofunda e personaliza a visão. Um rolo selado — provavelmente simbolizando o plano redentor de Deus — é apresentado, e uma pergunta ressoa: "Quem é digno de abrir o rolo?" (Ap 5:2). Ninguém no céu ou na terra é considerado digno — até que o Cordeiro apareça.

O Cordeiro é apresentado com imagens paradoxais: ele é o "Leão da tribo de Judá" (5:5), evocando o poder real, mas quando João se vira, não vê um leão, mas um Cordeiro em pé, como se tivesse sido morto (5:6). Essa inversão visual é o cerne teológico do Apocalipse. O poder é redefinido por meio da vulnerabilidade. A vitória é alcançada não pela dominação, mas pelo amor abnegado.

Este momento também introduz um padrão recorrente em todo o Apocalipse: o que João ouve e o que vê estão em tensão, e sua justaposição revela uma verdade teológica mais profunda. Ele ouve falar de um leão, mas vê um cordeiro; ouve falar de 144.000, mas vê uma grande multidão (Ap 7:4, 9). Esses contrastes convidam o leitor a ir além das expectativas superficiais e a enxergar através das lentes dos desígnios inesperados de Deus.

O Cordeiro carrega marcas de sacrifício, mas também possui "sete chifres e sete olhos" — símbolos de poder perfeito e discernimento divino. Ele não é fraco, mas sua força é cruciforme. Este é o paradoxo da teologia cristã: o Cordeiro imolado é o Senhor soberano.

Assim que o Cordeiro pega o rolo, o céu irrompe em adoração. Um novo cântico é cantado:

> Tu és digno... porque foste morto, e com o teu sangue compraste para Deus os santos de toda a tribo, língua, povo e nação (Ap 5:9).

Aqui, a redenção não é abstrata — é global e inclusiva. A igreja não é definida por etnia ou geografia, mas pela fidelidade devocional ao

Cordeiro. Isso tem profundas implicações para a eclesiologia, a missão e o diálogo intercultural.

Adoração como Resistência Política

A adoração no Apocalipse nunca é neutra. No mundo romano, adorar a Cristo significava recusar-se a adorar a César, e isso tinha consequências reais: exclusão econômica, humilhação social e até mesmo a morte. A visão do Apocalipse sobre a sala do trono oferece uma liturgia subversiva. Insiste que a lealdade suprema pertence a Deus e ao Cordeiro, não a qualquer império humano ou ídolo.

Esse tipo de adoração forma um tipo diferente de comunidade. Ela molda pessoas que resistem à sedução da Babilônia, que suportam o sofrimento por causa do evangelho e que personificam os valores do reino vindouro. A adoração se torna uma forma de resistência, um ensaio para o reinado de Deus e um testemunho de uma ordem diferente de poder.

Ao longo da história, comunidades oprimidas se fortaleceram com essa visão. Africanos escravizados nas Américas, cantando hinos sobre a libertação iminente; cristãos indígenas preservando sua cultura enquanto professavam fé em Cristo; crentes em regimes autoritários reunindo-se em segredo — todos encontraram em Apocalipse 4–5 uma visão de justiça e dignidade divinas que transcende a tirania humana.

O trono em forma de Cordeiro também desafia o cristianismo triunfalista ou nacionalista. O Cordeiro não conquista como César. Ele reina por amor, não por coerção. A verdadeira adoração convida à transformação — não apenas da emoção, mas também da lealdade, da ética e da imaginação.

Liturgia e Missão na Revelação

Apocalipse 4-5 está repleto de linguagem litúrgica: hinos, antífonas, doxologias e ações simbólicas. Essas cenas moldaram a vida de adoração da igreja global — das liturgias ortodoxas aos cultos pentecostais. Mas a adoração em Apocalipse nunca é escapista. Ela envia o adorador de volta ao mundo com novos olhos e um novo chamado.

A adoração em Apocalipse é missional. O Cordeiro "os constituiu reino e sacerdotes para o nosso Deus, e eles reinarão sobre a terra" (Ap 5:10). O povo de Deus não é um espectador passivo, mas sim um participante ativo no plano redentor de Deus. A adoração forma um povo sacerdotal, capacitado para testemunhar, praticar a justiça e proclamar as boas novas.

Vozes teológicas globais têm enfatizado essa dinâmica. Teólogos africanos, por exemplo, destacam como o culto inclui lamentação, protesto e o anseio por libertação. Teólogos asiáticos apontam o culto como um espaço de cura e harmonia cósmica. Teólogos latino-americanos conectam o culto com justiça econômica e responsabilidade política. Essas perspectivas aprofundam nossa compreensão da visão do Apocalipse — não como uma elevação espiritual privada, mas como o pulsar do discipulado público.

Perguntas para reflexão ou discussão
- Como a imagem do Cordeiro imolado em Apocalipse, que vence não pela força ou violência, mas pelo amor abnegado, pode desafiar as formas comuns de pensar e viver em seu contexto?
- De que maneiras a adoração hoje pode funcionar como uma forma de resistência à injustiça, à idolatria ou à conformidade cultural, como acontece no Apocalipse?
- Como as práticas de adoração da sua igreja podem refletir mais plenamente a visão global e inclusiva da comunidade redimida em Apocalipse 5:9-10?

Capítulo 6
Julgamento e Misericórdia — Os Selos, Trombetas e Taças

Os Sete Selos: Sofrimento e Soberania

A dramática visão do julgamento em Apocalipse começa quando o Cordeiro abre o primeiro dos sete selos do livro apresentado no capítulo 5. Cada selo revela uma nova dimensão da crise humana e cósmica. Os quatro primeiros selos liberam os infames Quatro Cavaleiros do Apocalipse (Ap 6:1-8), representando conquista, guerra, injustiça econômica e morte. Essas imagens não são previsões futurísticas, mas realidades presentes — refratadas pela imaginação teológica. Elas refletem o que acontece quando o poder humano corre desenfreado e os sistemas idólatras não são desafiados.

É importante ressaltar que é o Cordeiro quem abre os selos. Esse detalhe ressalta uma verdade crucial: o sofrimento do mundo não está fora do conhecimento ou do plano redentor de Deus. Mesmo em meio ao caos, o livro permanece nas mãos do Cordeiro. Isso não significa que Deus causa sofrimento, mas que o sofrimento não é aleatório nem soberano.

O quinto selo muda o foco para "as almas daqueles que foram mortos por causa da palavra de Deus" (Ap 6:9). Eles clamam: "Até quando?" — um lamento que ecoa pelas Escrituras (cf. Sl 13:1; Hc 1:2). A presença do lamento em Apocalipse nos lembra que o sofrimento honesto pertence ao âmbito da fé. Deus não silencia o clamor por justiça; ao contrário, ele é ouvido, afirmado e respondido a tempo.

O sexto selo desencadeia uma convulsão cósmica — terremotos, céus escurecidos, um abalo na ordem criada. No entanto, antes que o sétimo selo seja aberto, uma pausa dramática se desenrola.

Os Interlúdios: Paciência Divina e os Santos Selados

Entre o sexto e o sétimo selos, ocorre um interlúdio (Ap 7) que oferece uma visão da misericórdia e proteção divinas. João ouve o número dos selados — 144.000 das tribos de Israel —, mas então vê uma "grande multidão que ninguém podia contar, de todas as nações, tribos, povos e línguas" (7:9). Este é outro exemplo da dinâmica ouvir/ver do Apocalipse (cf. 5:5-6): o que João ouve (um número limitado e simbólico) contrasta com o que ele vê (uma visão expansiva e inclusiva).

Esta multidão global não se mantém com medo, mas em adoração. Eles vestem vestes brancas e seguram ramos de palmeira, sinais de vitória e alegria. Eles passaram pela "grande tribulação" (7:14), não evitando o sofrimento, mas permanecendo fiéis a ele. Não são espectadores, mas participantes do drama redentor de Deus.

Esses interlúdios são cruciais. Eles lembram aos leitores que o julgamento nunca é a palavra final de Deus. Misericórdia, missão e o selamento do povo de Deus estão no centro do drama apocalíptico. Mesmo em meio à devastação, Deus protege, lembra e redime.

As Sete Trombetas: Chamados de Despertar para o Mundo

Quando o sétimo selo é aberto, o silêncio preenche o céu por meia hora (8:1) — uma pausa sagrada antes da próxima sequência. Em seguida, ouve-se o soar de sete trombetas, que anunciam pragas e desastres que lembram a história do Êxodo: granizo e fogo, águas envenenadas, escuridão e gafanhotos. Esses julgamentos intensificam a narrativa e ressaltam a continuidade do Apocalipse com a profecia bíblica.

Trombetas nas Escrituras são sinais de alerta, chamados à atenção (Joel 2:1; Sofonias 1:14-16). Em Apocalipse, funcionam como chamados de despertar para um mundo adormecido pela injustiça e pela idolatria. Não são atos arbitrários de destruição, mas convocações divinas ao arrependimento. O padrão repetido — devastação parcial (frequentemente afetando um terço da criação) — sinaliza que se trata de julgamentos contidos, concebidos para provocar reflexão moral e não aniquilação.

No entanto, o Apocalipse é dolorosamente honesto: "O restante da humanidade... não se arrependeu" (Ap 9:20-21). Este trágico refrão revela que o julgamento por si só não transforma os corações. Contudo, mesmo aqui, o propósito de Deus não é o abandono. O próximo interlúdio (Ap 10-11) apresenta o testemunho profético do povo de Deus.

O Papel das Testemunhas e a Sétima Trombeta

Antes do toque da sétima trombeta, João recebe outra visão que muda o foco dos eventos cósmicos para a vocação terrena. Um anjo poderoso desce com um pequeno pergaminho (Ap 10), que João deve comer — um símbolo da internalização da palavra de Deus para proclamá-la. Em seguida, vem a introdução de duas testemunhas proféticas (Ap 11), que profetizam, sofrem e, por fim, são vindicadas por Deus.

Essas testemunhas vestem-se de saco, ecoando os antigos profetas bíblicos. Seu ministério dura 1.260 dias — um período simbólico frequentemente associado a sofrimento e tribulação (cf. Dn 7:25; Ap 12:6). Elas chamam as pessoas ao arrependimento, realizam sinais e se colocam como personificações vivas da verdade. Por fim, são mortas pela "besta que sobe do abismo" (11:7), e seus corpos são deixados na rua como escárnio. Mas, depois de três dias e meio, o sopro da vida entra neles, e são ressuscitados e levados ao céu diante dos olhos de seus inimigos (11:11-12).

As duas testemunhas têm sido interpretadas de diversas maneiras — como indivíduos, representações simbólicas da Igreja, ou da Lei e dos Profetas. Mas, dentro da lógica narrativa do Apocalipse, elas representam mais claramente a Igreja fiel e profética em missão: aqueles que dão testemunho do Cordeiro em palavras e ações, muitas vezes a um alto custo.

A história deles não é trágica, mas triunfante. Em sua morte e ressurreição, eles espelham o caminho de Cristo. Seu testemunho é justificado não pelo poder, mas pela fidelidade. A Revelação redefine a vitória por meio do padrão da cruz e da ressurreição, um modelo de testemunho que fala profeticamente em todas as épocas.

Essa visão ancora a teologia do julgamento do Apocalipse em uma teologia do testemunho. A igreja não é uma observadora passiva, mas uma participante profética na obra redentora de Deus —

um tema que será explorado mais detalhadamente no próximo capítulo.

Quando a sétima trombeta finalmente soa, ela não anuncia mais destruição, mas celebração:

> O reino do mundo se tornou o reino de nosso Senhor e do seu Messias, e ele reinará para todo o sempre (Ap 11:15).

Aqui, o julgamento dá lugar à consumação. O que era parcial torna-se pleno. O Céu se alegra não com a ruína, mas com a redenção.

As Sete Taças: Ira Final e Misericórdia Final

A sequência do julgamento final se apresenta na forma de sete taças (Ap 15-16). Estas são derramadas em rápida sucessão, ecoando as pragas do Egito e chamando a atenção para a teimosia dos corações humanos. A linguagem aqui é intensa: feridas dolorosas, sangue em rios, calor escaldante, escuridão e terremoto. Ao contrário das trombetas anteriores, estas taças afetam toda a criação. Contudo, mesmo aqui, o objetivo não é a vingança, mas sim a revelação da verdade. O mal é exposto e suas consequências expostas.

Crucialmente, antes que as taças sejam derramadas, aqueles que "venceram a besta" são vistos de pé junto ao mar, cantando o cântico de Moisés e do Cordeiro (Ap 15:2-3). Este é um interlúdio litúrgico, espelhando o cântico de Israel após a libertação no Mar Vermelho. Ele nos lembra que a justiça de Deus não é arbitrária — ela está enraizada na história da libertação e visa à cura.

Mesmo os julgamentos mais severos do Apocalipse apontam para a restauração, não para a obliteração. A ira de Deus é o seu "sim" às vítimas da violência, da exploração e do engano. É a resposta de amor santo a um mundo que se recusa a se arrepender. Mas o objetivo final não é a destruição — é a nova criação, como será revelado nos próximos capítulos.

Perguntas para reflexão ou discussão
- Como a interação entre julgamento e misericórdia no Apocalipse pode moldar uma teologia mais esperançosa e responsável da justiça divina?
- De que maneiras seu próprio contexto cultural pode influenciar a maneira como você percebe os temas da ira e da redenção?
- O que o Apocalipse nos ensina sobre a natureza do testemunho cristão em tempos de oposição ou pressão política?
- Como a igreja no mundo ocidental pode recuperar sua voz profética à luz do chamado do Apocalipse para dar testemunho fiel?

Capítulo 7
A Igreja em Conflito — O Dragão e as Bestas

A Batalha Cósmica e a Narrativa Mulher/Dragão

Em Apocalipse 12, os holofotes apocalípticos se desviam da adoração celestial e do testemunho profético para um conflito cósmico entre as forças do bem e do mal. No centro dessa visão está uma mulher vestida de sol, que dá à luz um filho destinado a "governar todas as nações" (12:5). Em oposição a ela está um grande dragão vermelho, representando "a antiga serpente, que é chamada Diabo e Satanás" (12:9). Essa cena dramática mistura motivos míticos e teológicos, evocando Gênesis 3, a esperança messiânica e as imagens de combate do antigo Oriente Próximo.

A mulher provavelmente simboliza o povo fiel de Deus — Israel e a Igreja — por meio dos quais o Messias vem ao mundo. O dragão procura devorar a criança, mas esta é arrebatada a Deus, e a mulher foge para o deserto, onde é divinamente nutrida (12:6). Este deserto não é abandono, mas preservação — um lugar onde a Igreja perdura, sustentada pela graça.

A ascensão da criança ecoa a ressurreição e a exaltação de Jesus, marcando a derrota do dragão no céu. No entanto, essa vitória leva a um conflito intensificado na Terra:

> Então o dragão ficou irado... e foi fazer guerra ao resto dos seus filhos, aqueles que guardam os mandamentos de Deus e mantêm o testemunho de Jesus (12:17).

Essa estrutura da guerra espiritual é essencial ao Apocalipse. A perseguição à igreja não é meramente sociopolítica — é cósmica. O dragão trava guerra não apenas contra indivíduos, mas também contra a comunidade fiel. No entanto, a igreja não está desamparada. Os crentes são vencidos "pelo sangue do Cordeiro e pela palavra do seu testemunho" (12:11). A vitória do Cordeiro remodela a batalha, e a igreja resiste não com violência, mas com fidelidade.

A identidade das bestas e seu poder

Em Apocalipse 13, o dragão convoca duas bestas — uma do mar e outra da terra — para realizar sua obra. Essas bestas não são meros monstros de fantasia; são representações simbólicas de sistemas de poder político e religioso que se opõem ao reinado de Deus.

A primeira besta, emergindo do mar, assemelha-se às bestas compostas de Daniel 7. Recebe autoridade do dragão, exige adoração e blasfema contra Deus. Representa o poder político imperial, provavelmente uma referência velada ao Império Romano, mas também um paradigma para todos os impérios que se deificam. A "cabeça ferida" da besta, que parecia se recuperar (13:3), pode aludir ao mito de Nero redivivus, sugerindo um regime que reivindica invencibilidade, até mesmo autoridade semelhante à da ressurreição.

A segunda besta, emergindo da terra, parece mansa — como um cordeiro —, mas fala como um dragão. Essa besta realiza sinais, impõe a adoração à primeira besta e controla a vida econômica exigindo uma marca na mão ou na testa. Essa marca, associada ao infame número 666, é frequentemente mal compreendida. Em vez de um microchip ou código de barras, provavelmente simboliza a fidelidade compulsória ao império — uma falsificação do selamento dos servos de Deus no capítulo 7. Essa besta representa sistemas ideológicos ou religiosos que legitimam e impõem um poder político opressivo.

Juntas, as duas bestas formam uma trindade falsificada com o dragão — uma paródia satânica de Deus, Cristo e o Espírito. Elas imitam o poder divino, exigem adoração e escravizam por meio do engano. O Apocalipse desmascara esses sistemas e convoca a igreja ao discernimento.

Engano, Idolatria e Controle Econômico

Apocalipse 13 enfatiza que as bestas não governam apenas pela força bruta — elas também operam por meio de engano, espetáculo e controle. A segunda besta realiza sinais para enganar as pessoas. A primeira besta deslumbra com sua resiliência e poder. Juntas, elas criam um mundo no qual o acordo parece racional e a resistência, fútil.

O controle econômico desempenha um papel fundamental. A marca da besta determina quem pode "comprar ou vender" (13:17), tornando a fidelidade não apenas uma decisão espiritual, mas também custosa. Na antiga Ásia Menor, os cristãos que se recusavam a participar do culto ao imperador ou dos ritos das guildas comerciais corriam o risco de isolamento social e dificuldades econômicas. Em muitos contextos modernos, os cristãos ainda enfrentam pressões semelhantes — de governos corruptos, economias predatórias ou sistemas religiosos alinhados ao Estado.

O Apocalipse revela que a maior ameaça à igreja nem sempre é a perseguição — é a sedução. As bestas prometem paz, segurança e prosperidade, mas exigem fidelidade a mentiras. O chamado do Apocalipse é resistir à idolatria em todas as suas formas, mesmo quando ela usa a máscara da religião ou do patriotismo.

A Resistência e a Sabedoria dos Santos

Diante desse mal avassalador, o Apocalipse não oferece escapismo nem desespero. Em vez disso, exige perseverança e sabedoria:

> Isto exige perseverança e fidelidade da parte dos santos (13:10).
> Isto exige sabedoria (13:18).

Perseverança (*hypomonē*) não é espera passiva — é resistência ativa sustentada pela esperança. Sabedoria (*sophia*) não é conhecimento esotérico — é discernimento espiritual fundamentado no temor a Deus. Os fiéis são chamados a reconhecer as bestas pelo que elas são e a recusar sua marca, mesmo quando o custo for alto.

Esta é a vocação da igreja em todas as gerações. Das igrejas domésticas clandestinas na China às congregações indígenas que resistem ao apagamento cultural, aos cristãos urbanos que navegam pela idolatria política no Ocidente, o Apocalipse convida as comunidades a reconhecer quando os poderes deste mundo estão brincando de Deus — e a se manterem firmes.

Perguntas para reflexão ou discussão

- De que forma Apocalipse 12–13 reformula sua compreensão da guerra espiritual como algo cósmico e político? Como isso afeta a missão da igreja hoje?

- Como as "feras" em seu próprio contexto cultural ou nacional tentam ganhar lealdade — seja por meio do poder, do espetáculo, da ideologia ou do controle econômico?
- O que pode significar para a igreja resistir à Besta no seu contexto cultural?

Capítulo 8
O Povo Multinacional de Deus

Os 144.000 e a Grande Multidão (Apocalipse 7)

Em Apocalipse 7, após a abertura do sexto selo e antes do sétimo, João tem uma visão do povo de Deus, apresentado em duas imagens notavelmente diferentes, mas teologicamente conectadas. Primeiro, ele ouve o número dos selados: 144.000 das doze tribos de Israel. Então, ele se vira e vê uma grande multidão que ninguém podia contar, de todas as nações, tribos, povos e línguas (7:4, 9).

Esse padrão ouvir-ver (introduzido em Apocalipse 5:5-6) sinaliza um paradoxo apocalíptico: o que João ouve não é o que vê, mas ambos são necessários para a compreensão. Os 144.000 são um número simbólico, representando a plenitude e a completude do povo da aliança de Deus. Baseia-se na imagem do antigo Israel, indicando um povo separado e selado para proteção. Mas a grande multidão revela a abrangência desse povo — não etnicamente homogêneo, mas gloriosamente diverso, reunido de todos os cantos da Terra.

Teologicamente, essas visões afirmam que a igreja está enraizada na história de Israel e radicalmente expandida pela missão do Cordeiro. O povo de Deus não é definido por etnia, nacionalidade ou geografia, mas por sua fidelidade a Jesus Cristo. Esta é uma comunidade moldada pela graça, marcada pela perseverança e unida em adoração.

Fidelidade e Martírio

Esta grande multidão não é meramente uma assembleia em adoração; é também um povo fiel e sofredor. Eles "saíram da grande tribulação" (Ap 7:14). Suas vestes brancas não são símbolo de privilégio, mas sim sinais de perseverança. Eles lavaram suas vestes "no sangue do Cordeiro" — uma imagem paradoxal que revela o custo do discipulado e a fonte da purificação.

No Apocalipse, o martírio não é uma anomalia, mas uma expectativa normativa para aqueles que seguem o Cordeiro. Esses santos não são heróis excepcionais, mas crentes comuns que permaneceram fiéis em meio às provações. Sua vitória não reside em escapar do sofrimento, mas em dar testemunho por meio dele. Eles são os "servos do nosso Deus" (7:3), aqueles que levam o testemunho de Jesus por onde passam.

Sua postura — de pé, não curvados — indica vindicação. Seus ramos de palmeira evocam a imagem de procissões festivas e libertação jubilosa. Seu cântico não é autocongratulatório, mas centrado na "salvação que pertence ao nosso Deus... e ao Cordeiro" (7:10). Esta é a identidade da igreja: redimida, adoradora e testemunha diante da adversidade.

Os Redimidos com o Cordeiro no Monte Sião (Apocalipse 14:1-5)

Uma segunda visão dos 144.000 aparece em Apocalipse 14. Desta vez, eles não são vistos em sofrimento, mas em triunfo: em pé com o Cordeiro no Monte Sião. Esta imagem inverte as cenas de opressão e idolatria do capítulo anterior (Apocalipse 13), onde a besta é adorada e seu nome é marcado nos seguidores. Aqui, os seguidores do Cordeiro são marcados por seu nome e pelo nome de seu Pai em suas testas (14:1).

Os 144.000 cantam um cântico novo — um cântico que só eles podem aprender, sugerindo uma intimidade com o Cordeiro forjada por meio do sofrimento e da lealdade compartilhados. São descritos como "irrepreensíveis", como aqueles que "seguem o Cordeiro por onde quer que vá" (14:4-5). Essa linguagem evoca discipulado, castidade e integridade da aliança.

É importante ressaltar que esse grupo não se define pelo triunfalismo, mas pela recusa em se comprometer com os sistemas idólatras do mundo. Em contraste com as seduções da Babilônia, eles constituem uma contracomunidade de integridade, pureza e adoração. Eles se encontram no Monte Sião, não para escapar do mundo, mas como as primícias de uma criação redimida.

Esta imagem da igreja completa a identidade iniciada em Apocalipse 7: o povo de Deus não é apenas selado e salvo — ele também canta, permanece de pé e segue. Suas vidas são marcadas por distinção moral, não por superioridade moral; por devoção humilde, não por dominação.

O Mar de Vidro e o Cântico dos Redimidos (Apocalipse 15:2–4)

Uma terceira visão dos fiéis aparece em Apocalipse 15, pouco antes dos julgamentos finais das taças. Aqui, aqueles que "venceram a besta, a sua imagem e o número do seu nome" estão ao lado de um mar de vidro misturado com fogo — um lugar de transcendência e provação (15:2). Eles seguram harpas de Deus e cantam "o cântico de Moisés… e o cântico do Cordeiro" (15:3).

Este momento litúrgico conecta o Êxodo e a redenção — Moisés e o Cordeiro. Assim como Israel foi liberto do Faraó, agora os redimidos celebram a libertação da Babilônia e da besta. Seu cântico louva a justiça e a verdade de Deus, ecoando os Salmos e Êxodo 15:

> Grandes e admiráveis são as tuas obras...
> Justos e verdadeiros são os teus caminhos, ó
> Rei das nações" (15:3).

Essa visão enfatiza que a identidade da Igreja é formada pela adoração e pela memória. Os fiéis são aqueles que não apenas resistem à besta, mas também se lembram dos atos salvadores de Deus. Eles não cantam hinos genéricos — cantam canções baseadas na história e na esperança, moldadas pela justiça de Deus e pela misericórdia do Cordeiro. Sua adoração se torna uma declaração profética do reinado vindouro de Deus sobre todas as nações.

A identidade da Igreja e a missão global

Essas imagens — da multidão aos selados, aos cantores no Monte Sião — juntas apresentam um retrato profundo da igreja: diversa, fiel, global e missional. Os redimidos são reunidos "de toda nação, tribo, povo e língua" — uma frase repetida ao longo do livro (5:9; 7:9; 14:6). Esse refrão reforça a inclusividade do evangelho e a amplitude do plano redentor de Deus.

A identidade da Igreja não se encontra na uniformidade, mas na unidade diversa em torno do Cordeiro. Isso desafia a teologia etnocêntrica e a superioridade cultural. O povo de Deus não pertence a nenhuma nação — são cidadãos de um reino não construído por mãos humanas.

Essa visão também tem implicações profundas para a missão. A igreja não é uma instituição a ser preservada, mas um povo a ser mobilizado. Ela existe não para manter o poder, mas para incorporar o modo de servir, testemunhar e acolher do Cordeiro. Missão não é conquista — é participação na cura das nações, o fim para o qual Apocalipse se dirige (22:2).

Comunidades de Adoração em Contexto

As imagens da igreja em Apocalipse são escatológicas e imediatas. Elas mostram o que é verdadeiro aos olhos de Deus e o que um dia se manifestará plenamente. Em todo o mundo, hoje, essa comunidade já canta, serve e sofre — muitas vezes na obscuridade, mas sempre em comunhão com o Cordeiro.

Crentes pentecostais reunidos antes do amanhecer em Nairóbi, trabalhadores rurais migrantes orando na América Central, cristãos filipinos liderando festivais de hinos, igrejas indígenas traduzindo as Escrituras para suas línguas — estes são vislumbres da multidão diante do trono. Seus cânticos, línguas e vidas testificam que o Cordeiro está reunindo seu povo e que a igreja de Jesus Cristo não pode ser confinada a uma única cultura, forma ou expressão.

No entanto, o Apocalipse também desafia igrejas que se esquecem de seu chamado. A igreja que se alinha com o império, que ignora os oprimidos ou que silencia as vozes dos outros corre o risco de perder seu lugar na visão do Cordeiro. Ser o povo de Deus é seguir o Cordeiro por onde quer que Ele vá — no sofrimento, na missão e na esperança da ressurreição.

Perguntas para reflexão ou discussão
- Como a visão do Apocalipse sobre o povo multiétnico, unificado e adorador de Deus molda sua compreensão da identidade cristã? Que fatores podem impedir que isso se torne realidade no seu contexto?
- De que maneiras sua igreja pode incorporar a perseverança fiel retratada em Apocalipse 14 e 15?

Capítulo 9
Babilônia, a Grande e a Queda do Império

Babilônia como potência imperial

Em Apocalipse 17–18, a cena muda para um retrato vívido e devastador de Babilônia, a Grande, símbolo de um império sedutor e opressor. Babilônia é apresentada como uma mulher "vestida de púrpura e escarlate... segurando um cálice de ouro cheio de abominações", sentada sobre uma besta escarlate com sete cabeças e dez chifres (Apocalipse 17:3-5). Ela é descrita como "a grande prostituta" e "a mãe das prostitutas e das abominações da terra". Seu nome é mistério: Babilônia, a Grande.

Esta imagem ecoa a representação da Babilônia no Antigo Testamento como a grande opressora do povo de Deus (por exemplo, Is 47; Jr 51). Mas, no contexto de João, Babilônia é uma referência pouco velada a Roma — o império que governou o mundo mediterrâneo com poderio militar, domínio econômico e imperialismo religioso. As sete cabeças são "sete montanhas" (17:9), quase certamente apontando para as sete colinas de Roma. A linguagem de sedução e violência captura como o império tanto seduziu quanto esmagou seus súditos.

No entanto, Babilônia é mais do que Roma. Como as bestas de Apocalipse 13, Babilônia é um símbolo trans-histórico — um substituto para qualquer sistema político, econômico ou cultural que se exalte acima de Deus, explore os vulneráveis e engane as nações. Babilônia é o império em sua forma mais sedutora, vestido com luxo, embriagado de sangue, prometendo paz, mas construído sobre violência.

A visão de João desmascara a fachada brilhante do império. A mulher parece majestosa, mas sua beleza é falsa. Seu cálice de ouro está cheio de impureza. Ela monta na besta, mas também é devorada por ela (17:16). Os próprios sistemas que a sustentam acabarão por traí-la. A queda da Babilônia não é apenas inevitável — é divinamente decretada.

Idolatria, Comércio e Sedução

Apocalipse 18 retrata a queda da Babilônia como um momento de julgamento e exposição. Um anjo clama:

> Caiu, caiu a grande Babilônia! Tornou-se morada de demônios... (18:2).

As razões para sua queda são muitas: arrogância, exploração, corrupção espiritual e, acima de tudo, a mercantilização da vida humana.

A lista de mercadorias comercializadas pelos mercadores da Babilônia inclui "ouro, prata e joias" e termina assustadoramente com "escravos, isto é, vidas humanas" (18:13).

Este catálogo de mercadorias revela que o pecado da Babilônia não é apenas religioso, mas também econômico. Ela prospera no luxo, comercializa o sagrado e trata as pessoas como coisas. Ela transforma o lucro em idolatria e o consumo em salvação. Sua religião é o consumismo, sua liturgia é o comércio e seu altar é construído às custas dos pobres.

O lamento dos reis e mercadores (18:9-19) não é pela justiça perdida, mas pelos lucros perdidos. Eles lamentam não porque a Babilônia era perversa, mas porque era lucrativa. Essa inversão é a sátira profética do Apocalipse: aqueles que adoram a riqueza lamentam mais a sua perda do que as vidas sacrificadas para ganhá-la.

O poder de sedução da Babilônia reside em sua capacidade de normalizar a injustiça. Ela seduz não apenas com tirania, mas com excesso, entretenimento e conforto. É isso que a torna tão perigosa — seu apelo é estético, não meramente coercitivo. Ela transforma a idolatria em espetáculo, a exploração em luxo e a falsidade em bom senso.

Lamento e Celebração Profética

Nessa cena de ruína surge um chamado do céu:

> Sai dela, povo meu, para que não sejas participante dos seus pecados (18:4).

Este chamado não é simplesmente físico, mas espiritual e ético. O povo de Deus é chamado ao discernimento, ao distanciamento e à resistência. Sair da Babilônia significa rejeitar seus valores, resistir às suas narrativas e viver como cidadãos de outro reino. É um chamado à santidade, não ao recolhimento; à imaginação profética, não ao cativeiro cultural.

Segue-se então uma dupla resposta: lamentação da terra e júbilo no céu. Os reis e comerciantes da terra clamam: "Ai, ai da grande cidade!", enquanto o céu canta: "Alegra-te sobre ela, ó céu!" (18:19-20). Essas reações contrastantes revelam a polaridade moral do Apocalipse: o que o mundo lamenta, o céu celebra; o que o mundo admira, o céu condena.

Este é um momento litúrgico — o Apocalipse convida os leitores a se unirem à perspectiva celestial. A queda da Babilônia não é apenas um evento político, mas também teológico. É a demolição de uma falsa realidade, a revelação de um sistema construído sobre mentiras. Sua destruição prepara o terreno para a vinda da nova

Jerusalém (Ap 21), uma cidade não de dominação, mas de paz.

Leituras globais de Império e Resistência

Ao longo da história e da geografia, a representação da Babilônia no Apocalipse encontrou ressonância em comunidades que sofreram sob opressão imperial e injustiça econômica. Teólogos africanos compararam a Babilônia a regimes coloniais que desumanizaram e desapropriaram. Teólogos da libertação latino-americanos interpretaram a Babilônia como um capitalismo neoliberal, que explora o trabalho, devasta a Terra e concentra a riqueza nas mãos de poucos. Teólogos asiáticos chamaram a atenção para o pluralismo religioso da Babilônia, manipulado por poderes políticos.

No mundo ocidental, a Babilônia tem sido por vezes mal interpretada como uma futura entidade política, levando a escatologias sensacionalistas. Mas o Apocalipse não se interessa em prever um regime singular. Convoca os leitores de cada geração a identificar a "Babilônia" de seu próprio contexto — quaisquer poderes que tentem a Igreja com concessões, lucro ou privilégios.

A Babilônia ainda vive onde a riqueza é venerada, onde os pobres são descartáveis, onde o poder nacional é confundido com o favor divino e onde a verdade é sacrificada em troca de conforto. Nesses lugares, o Apocalipse convoca a Igreja não à cumplicidade, mas à resistência corajosa — enraizada na adoração, moldada pela cruz e animada pela esperança de uma cidade melhor.

Perguntas para reflexão ou discussão
- Que formas você acha que "Babilônia" assume no mundo de hoje?
- O que pode significar para os cristãos em seu ambiente ouvir o Espírito dizendo: "Sai dela (Babilônia), povo meu" (Apocalipse 18:4)?
- Como o testemunho do Apocalipse pode desafiar os cristãos a examinar suas decisões econômicas cotidianas?

Capítulo 10
O Retorno do Rei — A Vitória Final de Cristo

O Cavaleiro do Cavalo Branco (Apocalipse 19:11-16)

Após a queda da Babilônia, o céu irrompe em celebração. "Aleluia!" ecoa pelos céus (Ap 19:1-6), uma palavra rara no Novo Testamento, usada aqui para marcar a alegria da justiça divina. Então João tem uma visão dramática:

> Vi o céu aberto, e eis um cavalo branco! O seu cavaleiro chama-se Fiel e Verdadeiro... Ele julga e peleja com justiça (19:11).

O cavaleiro não é outro senão Jesus Cristo, retratado não como o mestre gentil ou o Cordeiro sacrificial, mas como um rei guerreiro. No entanto, as armas e os títulos deste guerreiro convidam a uma reflexão mais profunda. Seu manto já está tingido de sangue (19:13) — não o sangue de seus inimigos, mas provavelmente o seu próprio, simbolizando a cruz como base de sua vitória. Seu nome é "A Palavra de Deus" (19:13), alinhando-o com o Logos divino do Evangelho de João. De sua boca sai uma espada afiada — indicando que seu poder é exercido por meio da palavra, da verdade e do julgamento, não da violência bruta.

Esta imagem paradoxal mistura triunfo com sacrifício, poder com humildade. Cristo avança não como um César, mas como alguém que conquista através do amor abnegado. Ele é "Rei dos reis e Senhor dos senhores" (19:16), e sua aparição marca o fim decisivo do falso governo da Babilônia.

Para a Igreja, essa visão não é um chamado à guerra santa, mas à confiança fiel na justiça do Cordeiro. Ela assegura às comunidades perseguidas que o mal não prevalecerá e convida todos os discípulos a alinharem sua esperança não com os poderes mundanos, mas com Aquele que reina em retidão.

A Prisão de Satanás e o Milênio (Apocalipse 20:1-6)

Após a aparição vitoriosa de Cristo, Apocalipse 20 apresenta a passagem controversa frequentemente chamada de Milênio — um período simbólico de "mil anos" durante o qual Satanás está preso e os fiéis reinam com Cristo (20:1-6). As interpretações dessa passagem têm variado amplamente ao longo da história cristã.

- As visões pré-milenistas interpretam os mil anos como um futuro reinado literal de Cristo na Terra.

- Perspectivas pós-milenistas veem o milênio como uma era de ouro da influência cristã que levará ao retorno de Cristo.
- As leituras amilenistas interpretam os mil anos simbolicamente como o reinado atual de Cristo por meio da igreja.

Em vez de ancorar o significado do Apocalipse em uma única linha do tempo, este capítulo nos convida a focar em seu propósito teológico: a autoridade de Cristo já triunfou sobre o mal, e aqueles que sofreram por seu nome são honrados e ressuscitados. "Eles reviveram e reinaram com Cristo durante mil anos" (20:4). Essa visão afirma a vindicação dos mártires, a justiça de Deus e a derrota final de Satanás.

A "primeira ressurreição" neste texto simboliza a participação na vitória de Cristo agora. Ela oferece conforto aos perseguidos e lembra à Igreja que sofrer com Cristo é reinar com Ele (cf. 2 Tm 2:12).

O Julgamento Final e o Livro da Vida (Apocalipse 20:7–15)

Após o milênio, Satanás é libertado para um conflito final. Ele engana as nações mais uma vez, reunindo-as para a batalha — mas o fogo do céu as consome, e o diabo é lançado no lago de fogo (20:7-10). Isso marca o fim da rebelião do mal. Não se trata de um impasse dualista entre forças iguais — a justiça de Deus jamais está em dúvida.

João então vê "um grande trono branco" (20:11). Todos os mortos são julgados "segundo as suas obras", e aqueles cujos nomes não são encontrados no "livro da vida" são lançados no lago de fogo (20:12-15). Essa cena comovente nos lembra que as ações humanas importam, que a justiça será feita e que o mal não passará despercebido.

Contudo, mesmo aqui, o julgamento serve a um propósito redentor. O objetivo não é a destruição por si só, mas a purificação da criação daquilo que contamina e destrói. O lago de fogo não está reservado para seres humanos imperfeitos que lutam na fé, mas para o mal impenitente, o império e a lógica satânica da dominação. O Apocalipse mantém essas realidades em tensão: a justiça de Deus é real, assim como a misericórdia de Deus.

A Vitória do Cordeiro e a Vindicação dos Santos

Apocalipse 19–20 não é uma visão isolada do fim dos tempos — é uma revelação teológica de como a vitória futura de Cristo reformula o presente. Os fiéis não são esquecidos. Aqueles que sofreram, morreram ou suportaram a marginalização pelo nome de Cristo são honrados, ressuscitados e entronizados (20:4).

Ao longo do livro, os fiéis são descritos não por títulos de poder, mas por sua relação com o Cordeiro. São aqueles que "seguem o Cordeiro por onde quer que vá" (14:4), que " guardam os mandamentos de Deus e se apegam à fé em Jesus" (14:12). São aqueles cujas vestes foram lavadas no sangue do Cordeiro (7:14) e cujos nomes estão escritos no livro da vida do Cordeiro (21:27).

Esta não é uma esperança abstrata — é pastoral e política, especialmente para crentes em contextos de perseguição, exploração econômica ou racismo sistêmico. O retorno do Rei não é uma ameaça, mas uma promessa: uma garantia de que a justiça será feita, a verdade será revelada e os humildes serão exaltados.

Vozes Globais e Esperança Apocalíptica

Em todo o mundo, a visão do Apocalipse sobre o retorno de Cristo tem sustentado comunidades que enfrentam traumas e opressão. Em cânticos espirituais afro-americanos, o refrão "O Rei Jesus está ouvindo" expressa tanto responsabilidade quanto intimidade. Para cristãos em lugares de violência, pobreza ou marginalização, o cavalo branco e o cavaleiro coroado não são símbolos de medo, mas de esperança libertadora. A imagem afirma que o mal não tem a palavra final e que Deus não é passivo diante da injustiça.

Ao mesmo tempo, o Apocalipse critica escatologias triunfalistas que transformam o retorno de Cristo em justificativa para a dominação ou a indiferença. O Rei que retorna não é César redux. Ele é o Cordeiro que foi morto. Sua justiça é restauradora, seu poder é sacrificial e seu trono não é construído sobre a conquista, mas sobre a cruz.

Perguntas para reflexão ou discussão
- Você acha que a igreja no seu contexto leva a sério a visão do Apocalipse sobre o retorno de Cristo? Por quê? Ou por que não?
- Como a expectativa da justiça final pode moldar a maneira como os cristãos vivem, na prática?

Capítulo 11
Um Novo Céu e uma Nova Terra

A Nova Jerusalém como Morada de Deus (Apocalipse 21:1–4)

À medida que o Apocalipse chega ao fim, a cortina se levanta sobre a visão climática da esperança:

> Então vi um novo céu e uma nova terra... E vi a cidade santa, a nova Jerusalém, que descia do céu, da parte de Deus (Ap 21:1-2).

Esta visão marca uma mudança radical. A trajetória da história bíblica não é a de almas humanas escapando para o céu, mas a de um céu vindo à Terra. Deus não abandona a criação; Deus a redime. A cidade santa desce, não flutua para longe. É uma visão da presença divina renovando o mundo de dentro para fora.

No centro desta nova criação está o relacionamento:

> Veja, a casa de Deus está entre os mortais... eles serão os seus povos, e o próprio Deus estará com eles (21:3).

Esta promessa íntima ecoa o refrão da aliança das Escrituras Hebraicas e satisfaz o anseio mais profundo do coração humano. A tristeza, a morte e a dor já não existem (21:4). As coisas antigas já passaram — não por aniquilação, mas por transformação.

A revelação não termina em destruição. Termina em comunhão.

A Reversão da Queda e o Cumprimento da Aliança

A Nova Jerusalém não é uma cidade literal construída com ouro e joias, mas uma realidade simbólica que cumpre as promessas das Escrituras e reverte a maldição de Gênesis. No Éden, a humanidade foi expulsa da presença de Deus. Na Nova Jerusalém, Deus habita permanentemente com a criação. No Éden, a árvore da vida era guardada. Na Nova Jerusalém, ela cresce no centro da cidade, acessível a todos (22:2).

A arquitetura da cidade é profundamente teológica. Ela é construída sobre doze fundamentos (21:14), representando os apóstolos, e possui doze portões (21:12), nomeados em homenagem às tribos de Israel. Suas dimensões — doze mil estádios de comprimento, largura e altura — formam um cubo perfeito, ecoando o Santo dos Santos no templo. A questão é clara: toda a cidade é agora a morada de Deus. Não há templo porque toda a criação é sagrada.

Este é o telos da redenção — não a fuga desencarnada, mas a restauração encarnada. As nações não são abolidas; elas são curadas (22:2). A cultura não é apagada; sua glória é trazida para a cidade (21:26). O sol e a lua não são banidos; eles são superados pelo esplendor da presença de Deus (21:23).

A Nova Jerusalém cumpre a aliança abraâmica (uma terra para todos os povos), a aliança mosaica (uma comunidade justa) e a aliança davídica (o reinado eterno de Deus por meio do Cordeiro). É a esperança eclesiológica e escatológica da Igreja — não apenas um lugar que almejamos, mas uma realidade que começamos a incorporar.

Cura das Nações e Renovação Ecológica

No coração da cidade corre o rio da água da vida, ladeado pela árvore da vida, que frutifica todos os meses e oferece folhas "para a cura das nações" (22:1-2). Não se trata de um floreio poético — é uma proclamação teológica: o futuro de Deus inclui a cura da criação e a reconciliação da humanidade.

A árvore da vida, negada em Gênesis, agora é abundante. O rio evoca as correntes do templo de Ezequiel (Ez 47) e a água viva da promessa de Jesus (João 7:38). Este não é um paraíso particular, mas um ecossistema comunitário de cura — onde a violência é desfeita, o distanciamento superado e a vida compartilhada.

Essa visão tem profundas implicações para a teologia ecológica. O futuro não é antimaterial nem antiambiental. O reinado do Cordeiro afirma a bondade da criação e seu legítimo florescimento. Em um mundo ameaçado pelo colapso ambiental e pela injustiça ecológica, Apocalipse 22 não oferece desespero, mas uma visão sacramental da restauração da criação.

A Igreja como um antegosto da Nova Jerusalém

Embora Apocalipse 21-22 aponte para o futuro, não se trata de uma fantasia distante. A igreja hoje é chamada a encarnar a realidade da Nova Jerusalém no presente. Assim como o Cordeiro já está entronizado, o povo do Cordeiro já é um sinal, um sacramento e uma antecipação do que está por vir.

Isso significa que as comunidades cristãs devem ser lugares de acolhimento, cura, justiça e santidade — refletindo o caráter da cidade cujo arquiteto é Deus. Em cada ato de reconciliação, em cada palavra de verdade, em cada refeição compartilhada em nome de Cristo, a Igreja promulga o reino vindouro.

O chamado para "sair da Babilônia" (18:4) é acompanhado pelo convite para "entrar na cidade" (22:14). Essa tensão escatológica é o espaço em que a Igreja vive. Ainda não estamos em casa, mas já somos cidadãos da cidade vindoura (Fp 3:20). Nossas vidas devem antecipar e refletir essa realidade.

Ser igreja é recusar o desespero, resistir à Babilônia e viver como peregrinos e profetas da nova criação vindoura. Não construímos a Nova Jerusalém, mas testemunhamos dela.

Ética Escatológica: Vivendo o Futuro Agora

O Apocalipse termina com um apelo e uma promessa: " O Espírito e a noiva dizem: 'Vem'… Quem tem sede, venha (22:17)."

Esta é uma palavra de missão e convite. A igreja não deve acumular esta visão, mas sim expandi-la — oferecendo água viva aos sedentos e esperança aos desesperados. A escatologia não é um plano de fuga, mas um chamado missionário. Somos chamados a viver o futuro agora — a incorporar o reinado do Cordeiro em nossas práticas de justiça, adoração, ecologia e comunidade.

O Apocalipse termina com um anseio: "Vem, Senhor Jesus!" (22:20). Mas mesmo esse anseio é repleto de certeza: "Certamente venho em breve."

Até lá, vivemos no meio termo — já selados, já enviados, já amados. A graça do Senhor Jesus está conosco (22:21), e caminhamos adiante não com medo, mas com esperança.

Perguntas para reflexão ou discussão
- Como a visão da Nova Jerusalém molda seu senso pessoal e comunitário de esperança cristã?
- Que práticas podem ajudar a igreja a viver como uma prévia da nova criação prometida no Apocalipse?
- Que papel a visão do Apocalipse sobre a Nova Jerusalém pode desempenhar na maneira como os cristãos participam da missão de Deus hoje?

Capítulo 12
Alguns dos principais intérpretes do Apocalipse

Por que a interpretação é importante

Poucos livros bíblicos exigem tanto cuidado interpretativo quanto o Livro do Apocalipse. Seus símbolos poderosos e sua resistência poética inspiraram não apenas esperança, mas também abuso — seja por meio de escatologias medrosas, sistemas rígidos de predição ou leituras culturalmente aprisionadas. No entanto, ao longo da história da igreja, o Apocalipse também tem sido um texto vivificante, especialmente para comunidades em dificuldades, convocando os leitores ao testemunho fiel e à imaginação profunda.

Este capítulo apresenta aos alunos alguns dos principais intérpretes do Apocalipse, desde o cristianismo primitivo até os dias atuais. Destaca vozes globais, teológicas e de gênero diverso, mostrando como diferentes perspectivas revelam diferentes dimensões do Apocalipse. Ler o Apocalipse não se trata de encontrar o significado "correto", mas sim de entrar em uma conversa comunitária moldada pelo contexto, pela fé e pela coragem.

Vozes da Igreja Primitiva: Irineu, Vitorino e Ticônio

Irineu de Lyon (século II) foi um dos primeiros teólogos a afirmar a autoria e autoridade apostólica do Apocalipse. Ele enfatizou sua esperança escatológica e viu nela uma defesa contra o dualismo gnóstico. A interpretação pré-milenista e voltada para o futuro de Irineu vinculava o Apocalipse à derrota final do mal por meio do retorno de Cristo.

Vitorino de Pettau (304 d.C.), autor do mais antigo comentário conhecido sobre o Apocalipse, ofereceu uma leitura alegórica e anti-imperial. Ele via Roma como a besta e enfatizava a narrativa simbólica do livro. Seu comentário lançou as bases para as interpretações simbólicas que floresceriam nos séculos posteriores.

Ticônio, um donatista norte-africano do século IV, ofereceu uma leitura espiritual influente do Apocalipse, encarando suas batalhas e julgamentos como uma luta contínua dentro da Igreja e do mundo. Sua obra moldou profundamente intérpretes posteriores, incluindo Agostinho, e antecipou leituras amilenistas que viam o Apocalipse como uma descrição da era da Igreja, em vez de uma cronologia futura. Essa maneira de ler o Apocalipse ajudou a mover a escatologia da predição especulativa para a formação ética e continua a influenciar a interpretação cristã hoje.

Intérpretes Recentes do Apocalipse

A erudição moderna abriu novas perspectivas para a compreensão da teologia, da estrutura literária e das implicações sociopolíticas do Apocalipse. Entre as vozes mais influentes estão as seguintes:

Richard Bauckham, em *The Theology of the Book of Revelation,* apresenta o Apocalipse como uma obra-prima literária e teológica enraizada na profecia do Antigo Testamento. Ele destaca a visão do livro sobre a adoração universal, a justiça divina e o poder subversivo do Cordeiro imolado. Para Bauckham, o Apocalipse não se trata apenas do fim do mundo — trata-se da revelação dos propósitos de Deus na história e na adoração.

Craig R. Koester, tanto em *Revelation and the End of All Things* quanto em seu respeitado *Anchor Yale Bible Commentary* sobre Apocalipse (2014), oferece uma leitura equilibrada, profundamente pastoral, literariamente sensível e historicamente informada. Seu comentário destaca a estrutura cíclica do livro, sua riqueza simbólica e o profundo desafio teológico que ele representa à complacência. A obra de Koester ajuda a igreja a resgatar o Apocalipse como uma palavra de conforto, desafio e esperança suprema.

David Aune, cujo comentário em três volumes da série *Word Biblical Commentary* é um dos mais detalhados disponíveis, oferece uma análise histórico-crítica fundamentada no contexto greco-romano e na literatura apocalíptica judaica. Ele situa o Apocalipse em seu contexto literário antigo e ajuda os leitores modernos a apreciar sua linguagem simbólica e estratégia retórica.

G. K. Beale, em seu *New International Greek Testament Commentary* sobre Apocalipse, apresenta uma perspectiva teológica reformada e enfatiza interpretações simbólicas e pactuadas. Beale lê o Apocalipse como um retrato simbólico de toda a era da igreja, enfatizando o conflito espiritual e a soberania divina. Sua obra é rica em conexões intertextuais com o Antigo Testamento e profundamente eclesiológica em seu tom.

Brian K. Blount, em seu volume Apocalipse para a série *New Testament Library* (2009), traz uma perspectiva teológica e liberacionista negra para o Apocalipse. Ele interpreta o Apocalipse através da lente da experiência afro-americana, com foco na perseverança, na resistência e na esperança escatológica. Blount enfatiza a voz pastoral do Apocalipse para comunidades em sofrimento e seu chamado ao testemunho profético encarnado diante do império e da opressão.

Esses intérpretes diferem em método e ênfase, mas juntos afirmam o Apocalipse como um texto de profunda visão teológica, capaz de falar através de tempos, culturas e lutas.

Vozes Globais: Boesak, Kim Yong-Bock e Néstor Míguez

Allan Boesak, pastor reformado sul-africano e líder antiapartheid, lê o Apocalipse como um manifesto de esperança para os oprimidos. Na Babilônia, Boesak viu o apartheid; no Cordeiro, a força para resistir. Seus sermões e escritos enfatizaram a opção preferencial de Deus pelos pobres e o chamado do Apocalipse à resistência fiel e arriscada.

Pablo Richard (Chile), um teólogo da libertação latino-americano, interpreta o Apocalipse em seu contexto romano antigo como uma mensagem de esperança e resistência para as comunidades oprimidas. Ele enfatiza sua crítica ao império e seu apelo à justiça e à transformação social. Em vez de uma previsão de catástrofes futuras, ele vê o Apocalipse como um texto profético que capacita os fiéis a enfrentar a injustiça e viver em solidariedade com os marginalizados.

Néstor Míguez, teólogo metodista argentino, baseia-se nas experiências da igreja latino-americana para interpretar o Apocalipse como uma crítica à exploração econômica e ao capitalismo neoliberal. Sua obra conecta a imagem da Babilônia e da besta presente no Apocalipse com sistemas de dívida, pobreza e desigualdade global. A Nova Jerusalém, para Míguez, representa solidariedade, justiça e a dignidade dos pobres.

Essas vozes globais lembram aos leitores que o Apocalipse fala não apenas das margens, mas para as margens, oferecendo uma visão apocalíptica como uma lente de resistência, cura e transformação.

Acadêmicas e Perspectivas Feministas

Elisabeth Schüssler Fiorenza, em *The Book of Revelation: Justice and Judgment,* destaca o Apocalipse como um documento de resistência produzido por uma comunidade marginalizada sob pressão imperial. Ela critica leituras que celebram imagens violentas sem considerar seu contexto retórico e político. A obra de Fiorenza moldou profundamente a interpretação bíblica feminista e insiste que a justiça — e não o espetáculo — é o centro teológico do Apocalipse.

Catherine Keller, teóloga construtiva, resgata a Revelação para a imaginação ecológica e política. Em sua obra mais recente, *Facing Apocalypse: Climate, Democracy, and Other Last Chances* (2021), Keller critica o dualismo e o determinismo apocalípticos, defendendo, em vez disso, a escatologia relacional e futuros abertos. Ela vê na Revelação tanto perigo quanto promessa — uma narrativa que pode alimentar tanto a distopia quanto a resistência esperançosa, dependendo de como é lida e encenada.

Barbara Rossing, em *The Rapture Exposed: The Message of Hope in the Book of Revelation,* oferece um envolvimento popular, porém teologicamente rico, com o Apocalipse. Ela desmantela escatologias dispensacionalistas e recupera o Apocalipse como uma visão de esperança não violenta e renovação ecológica. Rossing lê o Cordeiro não como um guerreiro, mas como um sinal de vulnerabilidade divina, desafiando leituras militarizadas e afirmando os propósitos de cura de Deus para o mundo.

Essas teólogas feministas oferecem correções críticas e insights construtivos. Elas ajudam a igreja a ler o Apocalipse de maneiras fiéis ao Cordeiro, inclusivas às experiências das mulheres e atentas à justiça, à ecologia e à libertação.

Rumo a uma leitura polifônica do Apocalipse

O que emerge deste capítulo é uma teologia polifônica do Apocalipse. Nenhuma voz isolada é suficiente; cada lente — histórica, literária, teológica, contextual — contribui com uma perspectiva vital. Seja na academia, no púlpito ou nas comunidades de base, a interpretação nunca é neutra. Ela ou reforça o império ou resiste a ele. Ou estreita a visão do Cordeiro ou a amplia.

Interpretar o Apocalipse fielmente é ouvir atentamente — o texto, o Espírito e as vozes daqueles que encontraram em suas páginas tanto fogo quanto luz. O livro não trata apenas do fim. Trata-se de perseverar no presente com uma visão do futuro do Cordeiro. Por meio desses intérpretes, a igreja é convidada a ler o Apocalipse com reverência, urgência e esperança.

Perguntas para reflexão ou discussão
- Como diferentes contextos históricos e culturais moldaram a maneira como o Apocalipse foi interpretado?
- Quais intérpretes apresentados neste capítulo mais ressoam com sua compreensão ou levantam novas questões para você?
- O que intérpretes globais e femininas podem nos ensinar sobre a leitura do Apocalipse hoje?

Capítulo 13
Pregando e Ensinando o Apocalipse Hoje

Introdução: Por que pregar o Apocalipse?

Para muitos pregadores e professores, o Livro do Apocalipse é tão intimidador quanto cativante. Seus dragões, bestas, batalhas cósmicas e números enigmáticos levaram alguns a evitá-lo completamente, enquanto outros o utilizam como uma ferramenta de medo ou controle. No entanto, o Apocalipse faz parte do cânone, dado à igreja não para confundir ou aterrorizar, mas para inspirar fidelidade, acender a esperança e convocar as comunidades a viverem como testemunhas do Cordeiro.

Pregar e ensinar o Apocalipse não é opcional — é vital. Especialmente em um mundo marcado por impérios, colapso ecológico, guerras e injustiças, o Apocalipse lembra à igreja sua verdadeira identidade e futuro. Mas, para se envolver com ele fielmente, é preciso abordá-lo com humildade, cuidado, profundidade teológica e sensibilidade pastoral.

O propósito pastoral da Revelação

Em sua essência, Apocalipse é uma carta pastoral — escrita para igrejas reais que enfrentam perseguição, comprometimento e marginalização. Seu autor, João, não busca satisfazer a curiosidade sobre o fim tempos, mas para nutrir a perseverança e a esperança no presente. Pregadores e professores devem, portanto, começar com o coração pastoral do livro.

João se dirige a sete igrejas (Ap 2–3), cada uma com lutas singulares: apatia, medo, imoralidade sexual, confusão doutrinária e comprometimento político. As congregações de hoje enfrentam desafios semelhantes. Apocalipse fornece uma estrutura para uma reflexão honesta, convocando as igrejas a uma visão renovada, ao arrependimento e à fidelidade.

O gênero apocalíptico cumpre uma função pastoral: levanta o véu para mostrar a realidade sob a perspectiva de Deus. Confronta a complacência, desmascara o império e capacita as comunidades a se manterem firmes em meio ao sofrimento. A boa pregação e o bom ensino preservarão essa faceta profética e pastoral.

Temas-chave a serem enfatizados

O ensino eficaz do Apocalipse não se concentra na especulação, mas na clareza teológica.

Entre os temas mais importantes a serem comunicados estão:

A Centralidade do Cordeiro

Em cada momento, o Cordeiro imolado, mas em pé (Ap 5:6), permanece o ponto central. Cristo não é apenas o Salvador, mas também o modelo para o discipulado (Ap 14:4). Todo o poder em Apocalipse é redefinido por meio da cruz. O ensino deve enfatizar que o caminho do Cordeiro é não violento, sacrificial e vitorioso na fraqueza.

Adoração como Resistência

O Apocalipse está repleto de hinos, doxologias e visões de adoração cósmica. Adoração não é escapismo — é resistência à Babilônia. Ensinar o Apocalipse deve ajudar as congregações a enxergarem sua adoração como política, profética e participativa no reino de Deus.

Julgamento como Justiça

Em vez de propagar o medo, as cenas de julgamento do Apocalipse devem ser enquadradas como o compromisso de Deus com a justiça. A queda da Babilônia é a libertação dos oprimidos. O ensino deve mostrar que o julgamento flui da santidade de Deus e está orientado para a renovação da criação.

A Nova Criação como Esperança

O Apocalipse não termina em destruição, mas em renovação — um novo céu e uma nova terra, uma cidade-jardim onde Deus habita com a humanidade. A pregação deve apresentar a escatologia do Apocalipse não como uma fuga do mundo, mas como a cura do mundo.

Ensinando a Revelação em um Contexto Global

Ensinar o Apocalipse globalmente exige atenção às nuances contextuais e culturais. Em muitas partes do mundo, o Apocalipse ressoa profundamente com comunidades que enfrentam opressão política, pobreza, guerra ou degradação ecológica. As imagens da Babilônia, da besta e da Nova Jerusalém falam com poder profético.

Ao mesmo tempo, o Apocalipse tem sido mal utilizado — transformado em arma para apoiar agendas coloniais, promover o escapismo baseado no arrebatamento ou alimentar ideias antissemitas e islamofóbicas. Os professores devem estar vigilantes na desconstrução de leituras prejudiciais e enfatizar a inclusão radical do livro, a crítica ao império e a profundidade teológica.

A utilização de intérpretes globais e diversos (ver Capítulo 12) permite uma pedagogia mais rica e fiel. Exemplos da teologia da libertação, de contextos africanos e asiáticos, da experiência indígena e de críticas feministas garantem que o

Apocalipse seja ensinado como um texto para toda a igreja — não apenas para uma tradição ou geografia.

Estratégias homiléticas para pregar a Revelação

Evite especulações; pregue a Cristo. Não reduza o Apocalipse a linhas do tempo, gráficos ou previsões. Mantenha Cristo no centro, especialmente como o Cordeiro imolado.

Pregue o texto, não apenas os símbolos. Deixe o texto falar. Concentre-se em sua estrutura, imagens e fluxo teológico. Evite alegorizar demais ou simplificá-lo.

Nomeie os Poderes

Babilônia não é apenas Roma. Ela vive onde quer que o poder seja abusado e a idolatria seja normalizada. A pregação fiel ajudará as comunidades a discernir e resistir aos impérios de hoje.

Use a liturgia e a imaginação

O Apocalipse é repleto de cânticos, orações e visões. Use a criatividade litúrgica — arte, música e simbolismo visual — para dar vida ao texto.

Pregue a esperança com ousadia

Acima de tudo, Apocalipse trata de esperança — não de otimismo barato, mas de esperança apocalíptica enraizada na fidelidade de Deus. Ele revela a verdade sobre o sofrimento do mundo e insiste que o Cordeiro terá a última palavra.

Ensino em sala de aula: recomendações para instrutores

Comece com o contexto

Aproxime os alunos do cenário histórico do Império Romano do primeiro século e da situação das sete igrejas.

Destaque a Consciência do Gênero

Ensine como a literatura apocalíptica funciona. Discuta simbolismo, visões e crítica profética.

Use vozes diversas

Inclua bolsas de estudo e testemunhos de todo o mundo, especialmente vozes de comunidades marginalizadas.

Incentivar a reflexão ética

Incentive os alunos a perguntarem: O que significa viver como cidadãos da Nova Jerusalém hoje? O que "sair da Babilônia" exige de nós?

Teologia do Equilíbrio e Cuidado Pastoral
Ajude os alunos a ver como ensinar o Apocalipse de maneiras teologicamente sólidas e pastoralmente sensíveis.

Conclusão: Vivendo e Ensinando o Apocalipse

O Apocalipse termina com um convite: "O Espírito e a noiva dizem: Vem!" (Ap 22,17) e uma promessa: "Certamente venho em breve." (22,20)

Pregar e ensinar o Apocalipse é um chamado sagrado. Não se trata de prever o futuro, mas de proclamar o Cordeiro, nutrir a esperança resiliente e convocar a igreja a viver o agora como um antegozo do mundo vindouro.

Que aqueles que ensinam e pregam o Apocalipse o façam com coragem, criatividade e compaixão — ajudando a igreja a ver não apenas o que é, mas o que deve acontecer em breve (Ap 1:1), e a seguir o Cordeiro por onde quer que ele vá (14:4).

Perguntas para reflexão ou discussão

- Que desafios e oportunidades você prevê ao pregar ou ensinar o Apocalipse em seu próprio contexto?
- Como o livro do Apocalipse pode se tornar um recurso de encorajamento e imaginação em vez de medo ou confusão?

- Quais são algumas maneiras práticas pelas quais você pode aplicar algumas das estratégias homiléticas e de ensino listadas neste capítulo no contexto da sua igreja local?

Epílogo
Revelação Viva Hoje

O Livro do Apocalipse não é meramente um registro de visões antigas ou um roteiro para o futuro. É uma palavra viva — convocando a igreja em todos os tempos e lugares a discernir, adorar e seguir o Cordeiro. Em um mundo ainda marcado por império, injustiça e sofrimento, o Apocalipse desperta nossa imaginação teológica e coragem moral. Ele nos desafia a ver a história não através do medo ou do cinismo, mas através das lentes da fidelidade de Deus e da vitória do Cordeiro.

Este livro buscou acompanhar os leitores em uma jornada de engajamento fiel com o Apocalipse — por meio de interpretação cuidadosa, perspectivas globais e uma postura de adoração e esperança. No entanto, o verdadeiro trabalho de interpretação continua na vida da igreja: em sua pregação e ensino, em sua resistência à injustiça e em seu testemunho do reino vindouro.

À medida que estudantes, pastores e comunidades continuam a ouvir o que o Espírito diz às igrejas, que o façam com reverência, alegria e coragem. Pois o Cordeiro que foi morto está vivo. A Nova Jerusalém está chegando. E a igreja é chamada a ser um sinal, um cântico e uma serva dessa promessa — até que Deus faça novas todas as coisas.

Bibliografia Selecionada

Aune, David E. 1997-1998. *Revelation*. Word Biblical Commentary, 3 vols. Dallas: Word Books; Nashville: Thomas Nelson.

Bauckham, Richard. 1993. *The Climax of Prophecy: Studies on the Book of Revelation*. Edinburgh: T&T Clark.

Bauckham, Richard. 1993. *The Theology of the Book of Revelation*. Cambridge: Cambridge University Press.

Beale, G. K. 1999. *The Book of Revelation: A Commentary on the Greek Text*. New International Greek Testament Commentary. Grand Rapids: Eerdmans.

Blount, Brian K. 2005. *Can I Get a Witness? Reading Revelation through African American Culture*. Louisville: Westminster John Knox.

Blount, Brian K. 2009. *Revelation: A Commentary*. New Testament Library. Louisville: Westminster John Knox.

Boesak, Allan A. 1987. *Comfort and Protest: Reflections on the Apocalypse of John of Patmos*. Louisville: Westminster John Knox.

Fiorenza, Elisabeth Schüssler. 1991. *Revelation: Vision of a Just World*. Minneapolis: Fortress Press.

Flemming, Dean. 2022. *Foretaste of the Future: Reading Revelation in Light of God's Mission*. Downers Grove, IL: IVP Academic.

Gorman, Michael J. 2011. *Reading Revelation Responsibly: Uncivil Worship and Witness, Following the Lamb into the New Creation*. Eugene, OR: Cascade Books.

Gwyther, Timothy, and Wes Howard-Brook. 1999. *Unveiling Empire: Reading Revelation Then and Now*. Maryknoll, NY: Orbis Books.

Keller, Catherine. 2021. *Facing Apocalypse: Climate, Democracy, and Other Last Chances*. Maryknoll, NY: Orbis Books.

Koester, Craig R. 2014. *Revelation: A New Translation with Introduction and Commentary*. Anchor Yale Bible, vol. 38A. New Haven: Yale University Press.

———. 2018. *Revelation and the End of All Things*. 2nd ed. Grand Rapids: Eerdmans.

McKnight, Scot, and Cody Matchett. 2023. *Revelation for the Rest of Us: A Prophetic Call to Follow Jesus as a Dissident Disciple*. Grand Rapids: Zondervan.

Míguez, Néstor. 1995. "Revelation and the Victims of Economic Exclusion: Reading Revelation 18 from a Latin American Context." In *Reading from This Place: Social Location and Biblical Interpretation in Global Perspective*, edited by Fernando F. Segovia and Mary Ann Tolbert, 135–150. Minneapolis: Fortress Press.

Paul, Ian. *Revelation*. 2018. Tyndale New Testament Commentaries. Downers Grove, IL/ London, IVP Academic.

Reddish, Mitchell. 2001. *Revelation*. Smyth and Helwys Bible Commentary. Macon, GA: Smyth and Helwys.

Rhoads, David, ed. 2005. *From Every People and Nation: The Book of Revelation in Intercultural Perspective*. Minneapolis: Fortress Press.

Rossing, Barbara R. 2004. *The Rapture Exposed: The Message of Hope in the Book of Revelation*. Boulder, CO: Westview Press.

Thomas, John Christopher and Frank D. Macchia. 2016. *Revelation*. The Two Horizons New Testament Commentary. Grand Rapids, Eerdmans.

Thompson, Leonard L. 1990. *The Book of Revelation: Apocalypse and Empire*. New York: Oxford University Press.

Weinrich, William C., ed. *Revelation*. 2005. Ancient Christian Commentary on Scripture. Downers Grove, IL: IVP Academic.

Wright, N. T. 2011. *Revelation for Everyone*. London: SPCK.

Apêndice

Localizando as Sete Igrejas da Antiga Ásia Menor em seu Contexto Contemporâneo

As igrejas estavam localizadas na Turquia moderna, ao norte do Mar Mediterrâneo, entre a Europa e a Ásia.

As igrejas estavam localizadas na parte ocidental da Turquia.

Mapas gerados por IA.

www.ingramcontent.com/pod-product-compliance
Lightning Source LLC
LaVergne TN
LVHW021359080426
835508LV00020B/2361